SPANISH 202. 152 WEBS 2005

WITHDRAWN

D0765059

MIGUEL

CARSON CITY LIBRARY
900 North Roop Street
Carson City, NV 89701
775-887-2244

JUN 2 5 2010

El Autor

Richard Webster es autor de veintiocho libros publicados por Llewellyn durante la década pasada, además de muchos publicados en Nueva Zelanda y otras partes. Reside en Nueva Zelanda, y viaja frecuentemente dirigiendo talleres, seminarios y conferencias sobre los temas que escribe.

COMUNICÁNDOSE
CON EL ARCÁNGEL

MIGUEL

PARA LA ORIENTACIÓN
Y PROTECCIÓN

Richard Webster

**Traducido al idioma español por
Héctor Ramírez y Edgar Rojas**

Llewellyn Español
Woodbury, Minnesota, U. S.A.

Miguel: Comunicándose con el Arcángel para la orientación y protección © 2005 por Richard Webster. Todos los derechos reservados. Impreso en los Estados Unidos de América. Ninguna parte de este libro puede ser reproducida, incluso en el Internet, sin permiso escrito de la Editorial Llewellyn, excepto en el caso de citas breves en artículos importantes y en la crítica de libros.

Primera Edición
Cuarta Impresión, 2008

Coordinación y Edición: Edgar Rojas
Cubierta: ©2004, Neal Armstrong / Koralik & Associates
Diseño de la cubierta: Gavin Dayton Duffy
Diseño interior: Michael Maupin

Biblioteca del Congreso. Información sobre esta publicación
Library of Congress Cataloging-in-Publication Data

Webster, Richard, 1946-
    [Michael. Spanish]
    Miguel : comunicándose con el Arcángel para la orientación y protección
    / Richard Webster ; traducido al idioma español por Héctor Ramírez
    y Edgar Rojas.-- 1. ed.
        p. cm.
    Includes bibliographical references (p.) and index.
    ISBN 978-0-7387-0646-9 (alk. paper)
    1. Michael (Archangel) I. Title.

    BT968.M5W4318 2005
    202'.15--dc22

                                                        2005040790

La editorial Llewellyn no participa, endosa o tiene alguna responsabilidad o autoridad concerniente a los negocios y transacciones entre los autores y el público. Las cartas enviadas al autor serán remitidas a su destinatario, pero la editorial no dará a conocer su dirección o número de teléfono, a menos que el autor lo especifique.

La información relacionada al Internet es vigente en el momento de esta publicación. La casa editorial no garantiza que dicha información permanezca válida en el futuro. Por favor diríjase a la página de Internet de Llewellyn para establecer enlaces con páginas de autores y otras fuentes de información.

Llewellyn Español
Una división de Llewellyn Worldwide, Ltd.
2143 Wooddale Drive, Dept. 978-0-7387-0646-9
Woodbury, Minnesota 55125-2989, U.S.A.
www.llewellynespanol.com
Impreso en los Estados Unidos de América

Obras en español por Richard Webster

Almas Gemelas
Ángeles Guardianes y Guías Espirituales
Escriba su Propia Magia
Feng Shui para el Apartamento
Feng Shui para el Éxito y la Felicidad
Feng Shui para la Casa
Regrese a sus Vidas Pasadas
Los Poderes Psíquicos de las Mascotas
Milagros de tu Diario Vivir
Velas Mágicas para Principiantes

Próximas obras a publicarse

Gabriel: Comunicándose con el Arcángel
para la Inspiración y la Reconciliación
Rafael: Comunicándose con el Arcángel
para la Curación y la Creatividad
Uriel: Comunicándose con el Arcángel
para la Transformación y la Tranquilidad

Para mi hermano
Gordon

CONTENIDO

Introducción

L A palabra "ángel" viene del griego angelos, que significa "mensajero". Los ángeles son considerados mensajeros de Dios. Son seres espirituales con un importante rol en la mayoría de religiones; son servidores de Dios que existen para cumplir su voluntad (Tobías 12:18). Los ángeles son encontrados en el judaísmo, cristianismo, hinduismo, Islam, zoroastrismo, y budismo tibetano. Hay más de 300 menciones directas de ellos en la Biblia. Juan de Damasco escribió: "entonces, un ángel es una esencia inteligente, en movimiento perpetuo, con libre albedrío, incorpóreo, ministrando a Dios, habiendo obtenido por gracia una naturaleza inmortal: y sólo el Creador conoce la forma y limitación de su esencia".[1]

Los ángeles siempre son mediadores entre el ser humano y Dios, aunque las descripciones y papeles cambian un poco entre las diversas culturas. Por ejemplo, el budismo tiene bodhisattvas, que son considerados ángeles, pero son personas perfeccionadas que aplazan la entrada al nirvana para ayudar gente actualmente viva. Emmanuel Swedenborg, el visionario del siglo XVIII, compartía esta creencia. Las apsaras hindúes distribuyen alegría y amor; también sostienen los muertos cerca de sus pechos mientras los transportan a la felicidad eterna que puede hallarse en el paraíso.

Tradicionalmente se cree que los ángeles fueron creados por Dios el segundo día de la Creación. Las primeras líneas del salmo 104 tienden a confirmar esto en una visión general de cómo creó Dios el mundo. Primero hubo luz, seguida por los cielos, ángeles, y sólo después tierra.

Los ángeles son seres poderosos. Debido a que saben esto, las primeras palabras que un ángel le dice a un humano en la Biblia son "no temas".[2] Sin embargo, el miedo nunca dura mucho tiempo, pues los ángeles traen alegría, consuelo y felicidad a todo el que los ve. También son intuitivos, amorosos y protectores. Tomás de Aquino escribió: "su voluntad es amorosa por naturaleza".

Los ángeles son creados especialmente para su tarea, y con sólo una excepción conocida, nunca han sido humanos. El profeta Enoc, autor del *Libro de Enoc*, fue llevado al cielo por Miguel, y transformado en el ángel conocido como Metatrón.

Los ángeles son seres espirituales perfectos cuyo propósito es ministrar, ayudar, proteger y apoyar todo en el universo de

Dios. Todo, incluso una simple roca o una brisa fresca, tiene una inteligencia angélica para asegurar que la voluntad de Dios sea hecha. Los ángeles sirven y alaban al Creador. En la Biblia son descritos como "espíritus ministradores, enviados para servicio a favor de los que serán herederos de la salvación" (Hebreos 1:14).

En la tradición cristiana, los ángeles son considerados seres sin sexo definido, y en la tradición judía son masculinos. Las alusiones bíblicas a ángeles los describen más masculinos que femeninos. El ángel del Señor que liberó a Pedro de las cadenas y lo ayudó a escapar de la cárcel, parecía masculino en todos los aspectos (Hechos 12:7-11). Durante el Renacimiento, los artistas hicieron que los ángeles lucieran cada vez más femeninos. No obstante, John Milton (1608–1674) veía los ángeles de forma distinta. En *Paradise Lost*, sus ángeles disfrutaban de una vida sensual, incluyendo relaciones personales frecuentes.

Los ángeles existen solamente para ayudarnos. Por consiguiente, durante todas las épocas, innumerables personas han acudido a ellos por ayuda en momentos de necesidad. Esta ayuda siempre es dada generosamente. Además de esto, diariamente tenemos acceso al amor, poder, sabiduría y apoyo angelical.

La gente siempre ha discutido la existencia de los ángeles. A pesar de todas las menciones de ellos en la Biblia que se remontan hasta el Génesis, muchos cristianos niegan la existencia de los mismos. Incluso hay un relato en la Biblia de una discusión en la que los saduceos dicen que no hay ángeles mientras los fariseos insistían en que sí (Hechos 23:7-9).

Pese a desacuerdos de todo tipo, hay una gran cantidad de información acerca de ángeles en los textos religiosos antiguos de la mayoría de tradiciones. Una gran fuente son los manuscritos del mar Muerto, hechos por los esenios, una secta religiosa que vivió en Qumran, junto al mar Muerto. Algunas autoridades en el tema consideran que Jesús era un esenio. Los miembros de esta secta creían que debían comunicarse con los ángeles con regularidad, preferiblemente todas las mañanas y noches, para llevar una vida buena y equilibrada.

Uno de los primeros "best-sellers" cristianos fue un pequeño manuscrito llamado *The Shepherd of Hermas* (El pastor de Hermas), que tuvo una gran popularidad. El pastor era en realidad el ángel guardián de Hermas, quien creía que todos tenemos dos ángeles: uno que nos estimula a hacer el bien y otro que nos tienta hacia el mal. Cualquiera que lea su libro hoy día, encontraría difícil entender por qué fue tan popular, pero el simple relato de alguien comunicándose con su ángel, influenció la gente de esa época.

La representación existente más antigua de un ángel está en una estela sumeria de seis mil años que incluye una figura alada vertiendo el agua de vida en una copa que pertenece a un rey.[3] Hay muchas representaciones de ángeles en el arte religioso de Asiria, Egipto y Fenicia. Notablemente, una descripción hecha de un ángel ha sido incluso encontrada en la Puerta del Sol en Tiahuanaco, lo cual parece indicar un contacto con Suramérica de los antiguos heteos.[4]

A pesar de estas figuras de ángeles alados, la mayoría de personas los sienten en lugar de verlos. Aparecen en sueños, pensamientos, visiones, diferentes formaciones climáticas e incluso a veces como animales o humanos. Cuando el filósofo y sacerdote dominico alemán Johann Tauler (c. 1300–1361) daba un sermón sobre el tema, decía: "no tienen manos ni pies, ni forma ni materia; ¿y qué hemos de decir de un ser que no tiene ninguna de estas cosas y no puede ser conocido por nuestros sentidos? Lo que son es desconocido para nosotros... Por lo tanto, hablamos de las obras que realizan para nosotros, pero no de su naturaleza".[5]

Santo Tomás de Aquino (1225–1274), el filósofo medieval que fue conocido como el "doctor angélico", creía que los ángeles eran puro pensamiento o intelecto; podían adoptar cuerpos físicos cada vez que querían, pero éstos también estaban hechos de puro pensamiento.

Emmanuel Swedenborg creía que debido a que los ángeles no estaban constituidos de sustancias materiales, sólo podemos verlos cuando brevemente forman un cuerpo material o cuando permitimos que se abra nuestro ojo interior o espiritual.

Naturalmente, en el trono de Dios los ángeles no tienen forma; son llamados tronos o ruedas porque consisten en bolas de fuego giratorias, o energía pura. Este pensamiento puro está estrechamente conectado con la intuición. Es posible que cuando recibimos un destello repentino de inspiración, estemos recibiendo el mensaje de un ángel.

Desde el principio del tiempo, algunas personas han podido ver ángeles. El segundo concilio de Nicea (787) expresó el concepto de que "los ángeles no eran del todo incorpóreos o invisibles, sino dotados de un cuerpo etéreo delgado y caliente"[6] Muchos ven los ángeles en términos de color. Por ejemplo, Dionisio pensaba que los ángeles eran como motas de oro, plata o bronce, o joyas rojas, blancas, amarillas y verdes.[7] Santa Hildegarda creía que los ángeles brillaban como una llama roja o una estrella blanca en el cielo.[8] Jacob Boehme, el místico protestante del siglo XVII, pensaba que los ángeles venían en todos los colores de "las flores en las praderas".[9] Su contemporáneo, Thomas Traherne, un místico inglés, creía que los ángeles eran como joyas brillantes y centelleantes.[10] Enmanuel Swedenborg consideraba que los ángeles más importantes tenían el color de una llama, mientras los otros eran rojos, verdes y azules.[11] Charles Baudelaire, el poeta del siglo XIX, vestía a sus ángeles con togas de color dorado, morado y jacinto.[12]

A los ángeles se les atribuía el mérito de servir a Dios en la época del profeta persa Zoroastro, hace 2.600 años. Él enseñaba que los ángeles y los demonios eran fuerzas opuestas, y también sugirió el concepto de cielo e infierno, que ha tenido tanta influencia en todo el pensamiento religioso posterior.

El profeta babilonio Mani, fundador del maniqueísmo, enseñaba que las personas buenas encuentran su ángel personal después de la muerte y son guiados al siguiente mundo. Se creía que este ángel era el yo perfecto de la persona, y estaba estrechamente asociado con los buenos actos que ella había realizado durante su vida. Este ser ideal y perfecto sólo podía ser visto después de la muerte, una vez que el cuerpo físico era desechado. No es sorprendente que Mani se refiriera al ángel personal como *al-Taum*, el gemelo.[13]

En el año 325, el primer concilio ecuménico reconoció la existencia de ángeles, aunque esto fue retractado veinte años después cuando un segundo concilio declaró que la creencia en los ángeles le impedía a la gente adorar a Cristo. Sólo en 787 el séptimo sínodo ecuménico resolvió la discusión diciendo que la iglesia cristiana creía que los ángeles fueron creados para interceder entre el hombre y Dios.

Este sínodo también aprobó la jerarquía de los ángeles creada por Dionisio el Areopagita 300 años atrás. Dionisio el Areopagita era un seudónimo, y por consiguiente, él suele ser conocido como seudo-Dionisio. Hay una breve mención de un Dionisio Areopagita real en la Biblia (Hechos 17:34), y aunque originalmente fue reconocido como el autor, los libros bajo dicho nombre fueron en realidad realizados por un escritor griego en el siglo V o VI. Dionisio el Areopagita inventó la palabra "jerarquía" para describir los diferentes niveles de ángeles.[14] Dionisio los puso a todos en nueve coros, los cuales estaban separados en tres tríadas. La primera tríada incluía los serafines, querubines y tronos. Éstos eran los ángeles más cercanos a Dios. La segunda tríada era conformada por dominios, virtudes y poderes. La tercera contenía los principados, arcángeles y ángeles.

En el siglo XI, Santa Hildegarda de Bingen (1098–1179), una mística y abadesa alemana, escribió sobre una amplia variedad de temas religiosos, incluyendo los ángeles. Estaba de acuerdo con Dionisio en la jerarquía de los mismos, pero creía que se encontraban en círculos concéntricos, permitiendo que cada tríada, o grupo, se relacionara más fácilmente con las otras tríadas. Hildegarda creía en los ángeles guardianes, pero consideraba que apoyaban solamente a las personas que temían y amaban a Dios.[15]

En tiempos isabelinos, John Dee (1527–1608), el famoso astrólogo y ocultista, afirmaba haber tenido comunicación con el mundo angélico y trascrito su lenguaje secreto. Partes de este lenguaje enociano fueron adoptadas por la orden hermética del Golden Dawn a finales del siglo XIX, y todavía está siendo usado en magia ceremonial. La elegancia y belleza, además de la perfecta sintaxis y gramática, del lenguaje enociano, no deja dudas de que se trata de una auténtica comunicación espiritual, y probablemente es el ejemplo más notable de este tipo de comunicación recibida de otro lado.[16]

La persona más famosa en la historia de la angelología es Emmanuel Swedenborg (1688–1772), un científico sueco que escribió mucho sobre el tema. Debido a sus credenciales científicas, Swedenborg fue tomado seriamente cuando afirmó haber visitado el cielo y tenido comunicación con los ángeles. Él creía que éstos eran invisibles para la mayoría de personas porque no reflejaban los rayos solares; sin embargo, podían aprender a verlos si desarrollaban la intuición. Los escritos de Swedenborg tuvieron una gran influencia en el trabajo de William Blake y Rudolf Steiner.

William Blake (1757–1827) era un poeta y artista visionario que incorporó muchas de las ideas de Swedenborg en su trabajo. Le gustaba el concepto de que ya estamos en el cielo, rodeados por ángeles, pero simplemente no somos conscientes de esa realidad. No obstante, creía que la visión de Swedenborg sobre la bondad de los ángeles era poco realista, pues ignoraba el concepto del mal. Para él, el cielo y el infierno eran necesarios porque se complementaban.

Rudolf Steiner (1861–1925), el filósofo austriaco fundador de la Sociedad Antroposófica, empezó a comunicarse de forma clarividente con el reino angélico a los ocho años de edad, y con el tiempo escribió varios libros sobre el tema. Él creía que todos estamos protegidos por ángeles guardianes que son más evidentes en la infancia, pero dan un paso atrás para permitir que nos desarrollemos como individuos en la adultez. Sin embargo, aún podemos acudir a ellos cuando queramos. Dividió el reino angélico en tres grupos: ángeles, arcángeles y archai (espíritus universales). Los ángeles eran regidos por el elemento agua, y se enfocaban en los individuos. Los arcángeles eran regidos por el fuego y actuaban principalmente con grupos o razas de personas. Los archai dirigían toda la raza humana. Rudolf Steiner creía que Miguel, el eje de este libro, había sido ascendido al nivel de archai para permitirle ayudar a la humanidad en conjunto.[17]

Entre la época de Swedenborg y Rudolf Steiner, un importante encuentro angélico ocurrió en los Estados Unidos. El 21 de septiembre de 1823, un ángel llamado Moroni se le apareció a un joven llamado Joseph Smith, y le dijo que fuera a una colina en el estado de Nueva York donde hallaría varias láminas de oro que contenían el Book of Mormon (Libro del mormón). Moroni fue persistente, y se le apareció a Joseph Smith tres veces esa noche y de nuevo al día siguiente. Joseph encontró las láminas pero no pudo removerlas. Moroni apareció otra vez y le dijo que aún no era el momento apropiado para que las tradujera del hebreo al inglés. No podría empezar en otros cuatro años. Joseph esperó con paciencia, y después de traducir las láminas, Moroni regresó y se las llevó de nuevo al cielo. Joseph Smith ya había aprendido todo lo que necesitaba saber para iniciar la iglesia de Jesucristo de los santos de los últimos días. A propósito, una gran estatua de Moroni yace sobre el templo del mormón en Salt Lake City, Utah.

Durante los últimos quince o veinte años, ha aumentado enormemente el interés por los ángeles. Cuando *Angels: God's Secret Agents*, el libro del doctor Billy Graham, fue publicado en 1975([18]), yacía casi solitario en los estantes para libros. Actualmente hay cientos de publicaciones sobre el tema, demostrando el creciente interés que tiene la gente al respecto.

Los arcángeles son los ángeles más conocidos. Esto es debido a que su nombre viene del griego archein, que significa estar "a la cabeza o para gobernar". A pesar de esto, eruditos tales como Dionisio el Areopagita con frecuencia ubican los arcángeles bien abajo en las categorías de ángeles. Hay una razón para tal ubicación: los ángeles más importantes eran considerados los más cercanos a Dios, mientras se creía que los menos importantes estaban más cerca de la gente.

Si Dionisio el Areopagita tiene razón, ¿cómo es posible que los arcángeles, penúltimos en su jerarquía, estén "a la cabeza o para gobernar"? La explicación es que en circunstancias o condiciones especiales, podemos ver ángeles y arcángeles, pero nuestros ojos no pueden captar ninguno de los ángeles de las categorías superiores.

Además de esto, Miguel siempre ha sido considerado capitán de la hueste del Señor, o en otras palabras, el ángel más importante de todos. Parece extraño que seudo-Dionisio lo clasificara en el segundo grupo de ángeles más bajo en la jerarquía. Este problema surgió porque originalmente sólo había dos grupos: ángeles y arcángeles. No obstante, durante cientos de años diferentes eruditos propusieron otros órdenes, hasta que se crearon varias jerarquías de ángeles. Por consiguiente, aunque los arcángeles estuvieron a cargo de la guerra en el cielo, y aún conducen el ejército contra las fuerzas de la oscuridad, pertenecen al segundo grupo más bajo de Dionisio.

Los arcángeles tienen mejor suerte en el Greek Testament of Levi (Testamento griego de Leví), que es parte de un manuscrito más largo llamado The Testaments of the Twelve Patriarchs (Los testamentos de los doce patriarcas). En el relato de Leví, Dios y los arcángeles moran en el cielo más alto.[19]

En el libro de la Revelación (8:2) leemos: "Y vi a los siete ángeles que estaban en pie ante Dios". Se cree que éstos son arcángeles, y tradicionalmente hay siete de ellos. En el judaísmo, la primera categoría de ángeles consiste en los ángeles de la presencia, o arcángeles. De nuevo, usualmente hay cuatro o siete de ellos.[20] En el primer libro de Enoc son listados como: Rafael, Uriel, Miguel, Gabriel, Saqâêl, Remiel y Raguel.[21] El tercer libro de Enoc propone una lista diferente: Miguel, Gabriel, Satqiel, Sahaqiel, Baradiel, Baraqiel y Sidriel. En el primer libro de Enoc, Miguel, Rafael, Gabriel y Phanuel son llamados "ángeles de la presencia".[22] La lista más conocida es la de Dionisio: Miguel, Gabriel, Rafael, Uriel, Chamuel, Zadkiel y Jophiel. En el libro de Tobías (12:15), Rafael dice que es "uno de los siete ángeles que presentan las oraciones de los santos y entran a la presencia de la gloria del Santo". En el Islam sólo se reconocen cuatro arcángeles: Miguel, Gabriel, Israfel y Azrael. Miguel y Gabriel son mencionados en el Corán. En el Islam, Miguel controla las fuerzas de la naturaleza, Gabriel lleva mensajes de Alá a Mahoma, Azrael es el ángel de la muerte, e Israfel tocará la trompeta para el Juicio Final.

Actualmente, la iglesia cristiana acepta sólo a Miguel, Gabriel y Rafael. Uriel es excluido porque no es mencionado en la Biblia. Sin embargo, es nombrado en el libro de Enoc y otros escritos no canónicos. Es interesante observar que Miguel y Gabriel aparecen en todas las listas. Las primeras alusiones a arcángeles quizás se encuentran en el Amesha Spentas persa,[23] aunque es posible que sean más antiguas las deidades astrales de Babilonia. Sin embargo, el hecho de que diferentes tradiciones listen diversos números de arcángeles, tiende a indicar que no hubo un "préstamo directo".[24]

La tarea de los arcángeles es cuidar los otros ángeles y ayudar a la humanidad. Existen para ayudarnos, y responderán a nuestro llamado cada vez que lo hagamos. También podemos pedirles que ayuden a otras personas. Cada arcángel tiene un propósito específico. Miguel nos protegerá y dará valor; Rafael es el arcángel de la curación e integridad; Gabriel nos guiará y dará el don de la profecía; Uriel nos brindará la serenidad del espíritu y ayudará a servir a otros.

El propósito de este libro es mostrarle cómo puede mejorar su vida acudiendo a Miguel, el más grande y antiguo de los arcángeles, para recibir apoyo y ayuda cada vez que lo necesite. También le ayudará a encontrar el "Miguel" dentro de usted mismo. Empezaremos aprendiendo más sobre Miguel en el primer capítulo.

¿QUIÉN ES MIGUEL?

"San Miguel, el arcángel,
defiéndenos en la lucha,
mantennos seguros de la maldad y las trampas del diablo,
que Dios lo detenga, rezamos humildemente,
y, oh príncipe de la hueste celestial,
por el poder de Dios, echa a Satanás al infierno,
y a todos los espíritus malignos que vagan por el mundo
buscando la ruina de las almas.
Amén".

—Papa León XIII (1810–1903)

PRIMERO que todo, debemos saber quién es Miguel. Después de todo, es considerado el más grande de los ángeles en las tradiciones cristiana, judía e islámica. En las tres tradiciones, Miguel trabaja sin cesar para crear un mundo de paz y armonía; es el patrono y protector de quienes buscan tener a Dios en sus vidas. Miguel es el único arcángel mencionado por nombre en los textos religiosos del judaísmo y el Islam, además de la Biblia.

El nombre "Miguel" ha sido interpretado de muchas formas. Puede significar "el que es como Dios", "¿quién es como Dios?" o "el que es semejante al Señor". Todos estos términos revelan la importancia de Miguel. En la Biblia es llamado "uno de los principales príncipes" (Daniel 10:13) y "el gran príncipe" (Daniel 12:1).

Miguel es por lo general mostrado con una espada, pero a veces aparece sosteniendo la balanza de la justicia, o con una llama azul de protección. Las pinturas renacentistas lo muestran usando armadura. Estos símbolos dan las palabras clave para Miguel: valor y fuerza, verdad e integridad, y protección. También brinda comprensión, paciencia, motivación y ambición. Podemos acudir a él cada vez que necesitemos ayuda en estas áreas.

Usando diferentes nombres, Miguel ha ayudado a la humanidad desde el comienzo. Es conocido como Indra en el Rig Veda indio, Vahman en el Denkard persa, Marduk en la Epopeya de la Creación babilonia, y Apolo en el Himno a Apolo de Homero. También ha sido asociado con el antiguo dios egipcio Anubis, quien era el que "pesaba las almas".

Miguel ha sido considerado importante desde la época de los caldeos. Se cree que en un principio era visto como un espíritu protector, o incluso un dios, en la antigua Caldea. La creencia en la importancia de los ángeles, junto con la necesidad de tener una figura representativa en la lucha continua entre las fuerzas del bien y el mal, ayudaron a elevar el perfil de Miguel.

Miguel era la elección obvia. Lucifer se había negado a adorar a Dios, y como resultado, se le pidió a Miguel que lo echara del cielo junto con sus seguidores. La batalla contra el dragón y Lucifer es encontrada en el libro de la Revelación (12:7–17). Una antigua leyenda dice que Miguel encadenó a los ángeles caídos en el aire hasta el día del juicio. Este es un castigo apropiado, pues pueden ver el cielo arriba y la tierra abajo. Continuamente observan las almas de seres humanos ascendiendo al cielo que ellos perdieron para siempre.

Dios recompensó a Miguel permitiéndole recibir las almas inmortales cuando entran al cielo. Él las evalúa para equilibrar sus actos buenos y malos (Salmos 62:9, Daniel 5:27). Aquellas con más actos buenos que malos serían presentadas a Dios, mientras las otras terminarían en el purgatorio. A Miguel también se le permite tocar la trompeta y levantar la bandera el día del juicio.

Miguel en la tradición cristiana

Según los gnósticos, Miguel estuvo presente en la creación del universo. Ellos creen que el cosmos fue creado por los siete arcángeles, quienes estaban posicionados después de Dios. Cuando el mundo fue dividido posteriormente, Miguel fue puesto a cargo del pueblo escogido por Dios, los israelitas (Daniel 10:21; 12:1). Con el tiempo, Miguel también se convirtió en el príncipe del cristianismo.

De acuerdo a por lo menos un relato, Miguel estuvo involucrado en la creación de la humanidad. El apócrifo evangelio de Bartolomé dice cómo Dios creó al hombre con arcilla que Miguel había obtenido de las cuatro esquinas de la tierra.

En los manuscritos del mar Muerto es llamado el príncipe de la Luz, el guerrero contra la oscuridad. Desde entonces, derrotando las fuerzas de Satanás, Miguel ha guiado la lucha contra el mal. Miguel es visto como un guerrero celestial que incansablemente enfrenta las fuerzas malignas, por eso en la Edad Media era considerado el santo patrono de los caballeros.

En el Apocalipsis griego de Baruc, Miguel vive en el cuarto cielo, que es descrito como un lugar que contiene una llanura hermosa rodeando un magnífico lago. Según otro texto (el Apocalipsis de Pablo), Miguel lava a los pecadores después de la muerte en las aguas blancas del lago aquerusiano.[1] Muchas especies de aves que no son encontradas en la tierra viven aquí. En realidad, no son aves en lo absoluto, sino almas que continuamente alaban y adoran a Dios.

Baruc relató que Miguel era el portero del reino de los cielos, y nadie podía pasar del cuarto cielo al quinto hasta que él abriera la puerta. Miguel también cargaba un tazón enorme lleno de flores, representando oraciones de ángeles, que llevó a Dios (Baruc 11:4). Después de visitar a Dios, Miguel regresó con aceite, que dio a los ángeles. La cantidad que recibieron fue determinada por la calidad y cantidad de las oraciones que habían ofrecido (Baruc 15:2–4).

Baruc permaneció fuera de las puertas del quinto cielo, pero no fue invitado a entrar. Como resultado de esto, él creyó que nadie podía comunicarse con Dios sin usar a Miguel como mediador. Sin embargo, aunque no entró al quinto cielo, Baruc consideró que su visita había sido exitosa porque supo que Dios pone atención a las oraciones de la gente y permite que los justos entren al cielo.[2]

El evangelio de Nicodemo describe el descenso de Cristo al infierno, y la primera resurrección de los justos. Quienes no han sido bautizados antes, son sumergidos por Miguel en el río Jordán, y luego celebran la Pascua de la resurrección, seguida por la felicidad eterna en el cielo.[3]

Es interesante observar que Miguel, a pesar de nunca haber sido humano, fue santificado por la iglesia católica y se convirtió en San Miguel. Este extraordinario acontecimiento se dio para que Miguel estuviera más cerca de la humanidad que los otros ángeles. Las personas llegaban a ser santas por haber soportado grandes problemas y privaciones, incluso martirio, gracias a su fe, o por haber demostrado mucha piedad y santidad. Naturalmente, también debían haber curado a otros o realizado milagros. Debido a esto, muchos se sintieron más cerca de los santos que de los ángeles. De este modo, durante un período de tiempo los santos fueron considerados más importantes que los ángeles. Por consiguiente, la iglesia católica honró a Miguel convirtiéndolo en San Miguel, e incluso hoy día es visto como el más poderoso de todos los santos.

En el apócrifo libro de Adán y Eva, al parecer Miguel mantuvo un ojo vigilante sobre la pareja, incluso después de que fue expulsada del jardín del Edén. Él le enseñó a Adán cómo cultivar, e incluso lo paseó en el cielo en un carruaje ardiente. Cuando Adán murió, Miguel convenció a Dios para que permitiera que su alma regresara al cielo y fuera limpiada del pecado.[4]

Según la tradición, fue Miguel quien dijo a Sara, la esposa de Abraham, que tendría un hijo. Miguel, Gabriel y Rafael estaban en una misión para Dios y habían adoptado forma humana temporalmente. Su tarea era comunicarle a Sara la buena noticia de su inminente embarazo, Rafael debía sanar a Abraham después de su circuncisión, y Gabriel estaba encargado de destruir Sodoma y Gomorra. Los tres arcángeles no son mencionados por nombre en el relato bíblico de su encuentro (Génesis 18:2–33).

A Miguel también se le atribuye detener a Abraham cuando iba a sacrificar a su hijo Isaac (Génesis 22:10). Esta fue una prueba de la fe de Abraham, y debe haber sido un gran alivio oír a Miguel decir: "No extiendas tu mano sobre el muchacho, ni le hagas nada; porque ya sé que temes a Dios, por cuanto no me rehusaste a tu hijo, tu único". (Génesis 22:12).

En el Testamento de Abraham, Miguel lleva a Abraham a un viaje por el mundo inhabitado. Después que Miguel le dijo que estaba a punto de morir, Abraham le pidió a Dios este viaje para ver todas las cosas maravillosas que había creado; le dijo que moriría sin pesar o pena después de ver todas estas maravillas. Luego del viaje regresó a casa y se preparó para morir.[5] No es sorprendente que, después de esta experiencia, Miguel se convirtiera en el ángel que tiene la tarea de guiar las almas al siguiente mundo.

Como hemos visto, Miguel es mencionado con frecuencia en los textos apócrifos. También es aludido por su nombre cuatro veces en la Biblia canónica. Daniel 10, Daniel 12, Judas 9 y Revelación 12.

Miguel fue el ángel que libró a Daniel de la guarida de los leones (Daniel 6:22). La segunda mitad del libro de Daniel describe sus numerosas visiones, incluyendo la de un ángel poderoso (Daniel 10:5–21). En el versículo 13 de este capítulo él es llamado "Miguel, uno de los principales príncipes". En Daniel 12:1, Daniel escribe: "En aquel tiempo se levantará Miguel, el gran príncipe que está de parte de los hijos de tu pueblo".

Se creía que Miguel fue responsable de las plagas de Egipto, y luego guió a los israelitas a la libertad. Los judíos, y también algunos de los primeros padres cristianos, creían que fue Miguel, en lugar de Dios, quien habló a Moisés desde el arbusto en llamas y le dio los diez mandamientos en el monte Sinaí.[6] Miguel disputó con Lucifer por el cuerpo de Moisés (Judas, v. 9).

Hay otras alusiones bíblicas que parecen referirse a Miguel. Por ejemplo, fue él quien se apareció a Josué y se llamó "capitán de la hueste del Señor" (Josué 5:13–15). Miguel también se apareció a Gedeón y le dio el valor para luchar contra sus enemigos (Jueces 6:11–18).

Según la leyenda, Miguel fue el guardián de Jesús y la Virgen María, encargado de cuidarlos mientras estaban en la tierra.[7] La leyenda también dice que Jesucristo le pidió a Miguel que informara a su madre de su inminente muerte y cuidara su alma cuando partiera.

Por eso Miguel es a menudo conocido como el ángel cristiano de la muerte. Cuando alguien está falleciendo, Miguel aparece y da a cada alma una oportunidad de redimirse, frustrando de este modo a Satanás y sus ayudantes.

San Pablo parecía no aprobar a los ángeles y le dijo a los colosenses que no los adoraran (Colosenses 2:18). Quizás esto es debido a una aparición de Miguel en Colossae, en Frigia, que hizo que la gente lo venerara especialmente. El culto de ángeles era considerado una herejía por la iglesia en sus inicios. Sin embargo, no fueron consistentes con esto. El emperador Constantino, por ejemplo, dedicó una iglesia al arcángel Miguel en Constantinopla, y se cree que muchos milagros ocurrieron ahí como consecuencia de ello. En ese tiempo, Miguel era más famoso por sus dones de curación que por cualquier otra cosa, y muchos manantiales de aguas curativas fueron dedicados a él. Se cree que se le apareció al emperador Constantino en Sosthenion, cincuenta millas al Sur de Constantinopla, y los enfermos empezaron a dormir en la iglesia construida ahí, esperando ver al arcángel.

Tres visiones importantes de Miguel aseguraron su popularidad en Occidente. La primera de ellas ocurrió en el Sur de Italia en el año 492. Un hombre adinerado llamado Galgano (también es conocido como Gargano) tenía mucho ganado y ovejas que alimentaba en la ladera de una montaña. Un día, un toro se perdió y Galgano llamó a sus hombres para que lo buscaran. El animal fue encontrado en la entrada a una cueva en la cima de la montaña. Galgano estaba molesto por el tiempo y la energía requeridos para hallar el toro, y pidió a uno de sus sirvientes que lo matara. El criado lanzó una flecha al animal. Sin embargo, milagrosamente ésta dio la vuelta a medio camino y fue directo al corazón del criado, matándolo inmediatamente.

Galgano y sus sirvientes quedaron desconcertados por lo ocurrido, y le pidieron consejos al obispo local, quien ayunó y oró durante tres días y luego presenció a Miguel en una visión. En ésta, el arcángel descendió a la tierra en el sitio donde el toro había sido encontrado y le dijo al obispo que el hombre había muerto porque el lugar era sagrado y quería que una iglesia fuera construida ahí en su honor.

Cuando el obispo llevó a Galgano y su gente a la cueva, hallaron tres altares adentro, uno de ellos cubierto con una tela carmesí y dorada hermosamente bordada. Una corriente de agua pura salía de una roca, y se descubrió que tenía propiedades curativas.

Una iglesia fue erigida en el sitio que luego se convirtió en un popular lugar de peregrinación porque muchas personas querían ver dónde había aparecido Miguel. Esta cueva es conocida como la Basílica Celestial, y en la actualidad es visitada por peregrinos que admiran las magníficas obras de arte y la hermosa estatua de mármol de Miguel, tallada por Sansovino. Miguel es mostrado victorioso después de derrotar un monstruo horrible.[8]

El culto de Miguel ganó popularidad en el siglo IV, y su aparición en el monte Galgano en 492 ayudó mucho a su reputación como paladín de Dios. Del siglo IV en adelante, se convirtió en el ángel al que se ora en tiempos de crisis, especialmente en el momento de la muerte.

Hay un manuscrito copto del siglo IV que habla de Miguel yaciendo junto a un hombre moribundo. Luego Miguel y Gabriel se hacen cargo del alma, una vez que el hombre muere.[9]

La leyenda dice que el emperador Enrique II (973–1024), el último gobernante sajón de Alemania, condujo una peregrinación a la Basílica Celestial dos años antes de su muerte, y estuvo encerrado en la cueva durante la noche. Miguel, y un equipo de ángeles, aparecieron y desarrollaron una liturgia celestial para él. Enrique II fue nombrado sacro emperador romano por el papa Benedicto VIII en 1024, y fue conocido como el Santo debido a la forma en que pudo ser un rey sacerdotal.

La segunda visión fue más notable y ocurrió un siglo después en Roma. En esa época una peste había devastado la ciudad. En un intento por dar fin a la pestilencia, San

Gregorio, quien después fue papa, les dijo a los habitantes que hicieran una procesión por las calles de la ciudad. El mismo Gregorio dirigió el desfile, que durante tres días atravesó las calles de Roma y finalmente llegó a la tumba de Adriano. Gregorio vio a Miguel posado sobre el monumento, enfundando de manera despreocupada una espada que estaba goteando sangre. Gregorio supo que la peste había terminado, y erigió una iglesia en el sitio que dedicó a Miguel. En tiempos más recientes, el papa Benedicto XIV hizo poner una gran estatua de bronce de Miguel sobre la tumba de Adriano para conmemorar esta visitación milagrosa.

La tercera visión involucró a Aubert, obispo de Avranches, y ocurrió en el año 706. Frente a la costa de Normandía hay una gran roca que se convierte en una isla en marea alta. Debido a su aislamiento e inaccesibilidad ha sido usada como fortaleza y prisión. Una noche, Aubert tuvo una visión en la que Miguel llegó a él y le dijo que fuera al sitio más alto de la roca, donde encontraría un toro oculto y debía construir una iglesia que cubriera toda el área que el animal había pisoteado. También hallaría un manantial de agua curativa.

Aubert ignoró la visión, creyendo que sólo era un sueño. Sin embargo, la visión ocurrió otras dos veces, y finalmente Miguel tocó su frente con el dedo pulgar, dejando una marca que permaneció el resto de la vida del obispo. Naturalmente, después de esta experiencia, Aubert visitó el sitio y construyó una pequeña iglesia ahí, que después fue reemplazada con una más vistosa terminada por Guillermo el Conquistador.

Aunque las visiones de Aubert no fueron tan impresionantes como las dos anteriores, y en realidad casi podía ser vista como una copia de la primera, el monte San Michel se convirtió en un importante lugar de peregrinación, y Miguel fue escogido como el santo patrono de Francia. Esto aumentó hasta incluir a Inglaterra cuando Guillermo el Conquistador invadió a Gran Bretaña. Actualmente hay pocos lugares que no tienen iglesias dedicadas a San Miguel.

En la época de las cruzadas, el culto de Miguel, el santo guerrero, fue usado para ayudar a cristianizar las mismas, y también se empleó para convertir, a veces violentamente, a gente en los países nórdicos. Con el tiempo, los valores sociales llegaron a ser más importantes que los militares, y el culto de la Virgen María empezó a tomar precedencia sobre el culto de Miguel.[10]

Juana de Arco (c. 1412–1431) comenzó a oír, y con el tiempo a ver, a San Miguel a los trece años de edad. Él la visitó con la forma de un hombre joven y guapo, y rodeado por otros ángeles. Constantemente la motivó, e incluso sugirió qué bandera debía usar cuando guiara sus tropas. Le dijo que siguiera los consejos de Santa Catalina y Santa Margarita, y la animó a liberar a Francia del dominio inglés. En su juicio, ella dijo a los jueces que Miguel había caminado sobre el suelo, pero no le creyeron.[11]

A finales del siglo XIX, el papa León XIII (1810–1903) se desmayó en una reunión con sus cardenales. Los médicos que lo atendieron creyeron que había muerto, pues no detectaron señal de pulso. Sin embargo, minutos después, el anciano hombre abrió los ojos y comentó a los cardenales la visión aterrorizante que había tenido. Mientras estuvo inconsciente vio la increíble actividad de los espíritus malignos en contra de la iglesia. Afortunadamente, Miguel apareció en la visión y envió de regreso al infierno a Satanás y sus ayudantes. Poco después de esto, el papa León escribió su famosa oración, que aparece al comienzo de esta capítulo, y decretó que fuera recitada al final de la misa para ayudar a proteger la iglesia. Aunque era opcional en la década de 1960, muchas personas aún obtienen consuelo al recitarla.

Entre 1961 y 1965, la Virgen María hizo varias visitas a cuatro niños en la aldea de Garabandal en España. En la primera visita, en octubre de 1961, María le dijo a Conchita, una de las niñas, que debía cambiar su forma de vida, ir a la iglesia más a menudo y hacer varias penitencias. Cuatro años después, el arcángel Miguel visitó a los cuatro niños y repitió el mensaje de María. También les dijo que si rezaban con sinceridad, recibirían lo que pidieran.[12]

Los seguidores de los testigos de Jehová creen que Jesús es en realidad Miguel, y citan 1 Tesalonicenses 4:16 para respaldar esto: "Porque el Señor mismo con voz de mando, con voz de arcángel, y con trompeta de Dios, descenderá del cielo". Debido a que Miguel es el único ángel llamado específicamente arcángel en la Biblia (Judas 9), han asumido que se trata de él. No obstante, el pasaje dice que la voz de un arcángel acompañará a Cristo en su segunda venida. Por consiguiente, no necesariamente significa que Jesús es el arcángel, o que este arcángel en particular es Miguel. Más evidencia de esto es hallada en Hebreos 1:6, donde dice "adórenle (a Jesús) todos los ángeles de Dios". Esto indica que Miguel adora a Jesús, lo cual no ocurriría si fueran la misma persona.

Miguel en la tradición judaica

En la tradición judía, Miguel es visto como el guardián de las llaves del cielo y el protector de Israel. En el Bahir, uno de los textos cabalísticos más antiguos, Miguel es considerado el ángel que tiene que ver con el amor o el concepto de dar sin intención o recompensa.[13]

Miguel se le apareció a Moisés en el arbusto en llamas (Éxodo 3:2). Hay una antigua leyenda judía que dice que Miguel, junto con Gabriel, Rafael, Uriel y Metatrón, enterró a Moisés, después de luchar contra Satanás por el cuerpo. Esto también es mencionado en la epístola general de Judas, versículo 9.

Miguel puede ser agraviado, como lo indica la antigua historia judía de su enfrentamiento con Jacob. Un día, éste y sus sirvientes estaban a punto de pasar sus ovejas y camellos por un vado en un río, cuando se toparon con otro pastor que iba a hacer lo mismo. Este pastor le sugirió a Jacob que se ayudaran mutuamente para mover el rebaño por el río. Jacob estuvo de acuerdo, con la condición de que sus ovejas y camellos cruzaran primero. El pastor aceptó y el rebaño de Jacob fue guiado rápidamente a través del río. Luego empezaron a pasar las ovejas del desconocido, pero parecía tener un número ilimitado de ellas. Sin importar cuántas eran trasladadas, quedaba una cantidad igual en el otro lado. Después de trabajar duro toda la noche, Jacob perdió la paciencia y llamó hechicero al desconocido. Éste tocó el suelo y se inició un fuego, lo cual no impresionó a Jacob, y la discusión estaba a punto de convertirse en una pelea cuando apareció Dios. El pastor tocó el muslo interno de Jacob y le produjo una herida.

Dios miró al pastor desaprobándolo. "Miguel", dijo, porque el desconocido era en realidad el arcángel Miguel. "¿Por qué le hiciste daño a mi sacerdote Jacob?" Miguel quedó desconcertado. "Pero yo soy tu sacerdote", dijo. Dios respondió: "eres mi sacerdote en el cielo, pero Jacob es mi sacerdote en la tierra". Miguel se sintió avergonzado y humillado. Inmediatamente llamó al arcángel Rafael y le pidió que sanara a Jacob. Sin embargo, sus problemas no habían terminado, pues Dios insistió en saber por qué le hizo daño a Jacob. Miguel dijo que lo había hecho para glorificar a Dios, quien respondió convirtiéndolo en el ángel guardián de Jacob y sus descendientes para siempre.[14] Un breve relato de esto se encuentra en Génesis 32:24–30.

Después de su época de cautiverio, los hebreos llegaron a reconocer a Miguel, el espíritu del bien, como el protector de la nación hebrea. La veneración que el pueblo judío tiene por Miguel ayudó a que su influencia se expandiera junto con el crecimiento de la iglesia cristiana.

Miguel en la tradición islámica

En la tradición islámica, Mika'il (Miguel) controla las fuerzas de la naturaleza y tiene un ejército de ángeles que lo ayudan. Sólo Dios sabe cuántos ángeles están al mando de Miguel, y ellos lo ayudan a enviar lluvia, nieve, viento o nubes cuando es necesario.

Miguel tiene un millón de lenguas, y cada una puede hablar un millón de lenguajes. Tiene cabello largo azafrán que le llega hasta los pies. Cada cabello contiene un millón de caras, y cada cara posee un millón de ojos que lloran setenta mil lágrimas. Mika'il vive en el séptimo cielo y tiene alas gloriosas de topacio verde. Toma su trabajo seriamente y nunca ríe. También se cree que los querubines fueron creados de las lágrimas que él derramó cuando estaba contemplando los pecados de los fieles.[15]

Dios creó una morada especial en el paraíso donde los ángeles lo visitan cinco veces al día para desarrollar servicios guiados por Miguel. Cada ángel canta en un lenguaje diferente, pidiéndole a Dios que extienda su misericordia sobre la humanidad. Dios premia a los ángeles por su devoción y alabanza, colmándolos de misericordia y perdón.[16]

Miguel también cuida los árboles de campanas en el paraíso. Éstos son árboles de oro cubiertos con campanas de plata, las cuales crean un sonido tan hermoso que las personas en la tierra, si pudieran oírlo, morirían instantáneamente por la intensidad del mismo. Cada campana emite una luz que les permite a los habitantes del paraíso ver cosas que ni siquiera imaginaron cuando vivían en la tierra.[17]

Miguel y San Jorge

Miguel también es frecuentemente identificado con otros santos, San Pedro y San Jorge. Es asociado con San Pedro porque ambos tienen las llaves del cielo. Miguel y San Jorge mataron dragones, un símbolo conocido de Satanás.

De hecho, Tabori, un historiador árabe del siglo IX, contó una historia emocionante que involucra a Miguel y San Jorge. Su relato tuvo lugar en el valle del Tigris y habla de cómo San Miguel rescató a San Jorge de la persecución del emperador Diocleciano. Al parecer, el emperador romano ató a San Jorge en un tablón y lo raspó con almohazas. Cuando esto no lo mató, fue puesto en un calderón de agua hirviente. De nuevo, San Jorge salió ileso. Luego Diocleciano hizo que lo ataran de manos y pies y le pusieran un pilar de mármol sobre su espalda. El pilar era tan pesado, que se necesitaron veinte hombres para levantarlo. Un ángel visitó a San Jorge en la noche y lo removió. Después, Diocleciano hizo cortar por la mitad a San Jorge, y cada mitad fue cortada en siete pedazos que fueron tirados a los leones. Sin embargo, éstos no se los comieron. Dios hizo que los catorce trozos se unieran de nuevo, lo cual enfureció a Diocleciano, quien hizo poner a San Jorge dentro de una estatua hueca que fue colocada en un horno durante tres días. Esta vez, San Miguel rompió la estatua y rescató a San Jorge.

La historia no termina ahí, pues Diocleciano continúa imponiendo castigos cada vez más crueles hasta que finalmente San Jorge muere.[18]

Valor y fuerza

En 1950, el papa Pío XII proclamó a Miguel como el patrono de los policías. Este es un tributo apropiado para el arcángel que se cree destruyó las huestes de Senaquerib y derrotó las fuerzas de Satanás. En los manuscritos del mar Muerto, aparece que él guió los ángeles de luz en una batalla contra los ángeles de oscuridad, que fueron dirigidos por el demonio Belial.

Mónica, una conocida mía, se sentía atrapada en una relación abusiva. La crueldad era verbal y física. Ella se culpaba por los problemas en la relación, y se las arregló para ocultarlos hasta que un día llegó al trabajo con un ojo amoratado. Un amigo no le creyó la historia que contó respecto a la lesión, y en el almuerzo le dijo que pidiera a Miguel la fuerza necesaria para defenderse y terminar la relación. Afortunadamente, el amigo fue persistente, pues Mónica dijo que haría algo al respecto, pero no lo hizo.

La situación se complicó al extremo que Mónica pidió ayuda a Miguel. De este modo ella pudo defenderse; terminó la relación, para sorpresa de su pareja, y se trasladó a otra ciudad. Ahora tiene un compromiso bueno y estable, y no puede creer haber permitido que la anterior relación durara tanto tiempo. Hoy día acude a Miguel y otros arcángeles regularmente.

Miguel nos dará valor cada vez que lo necesitemos, ya que él posee una fuente ilimitada. En el libro de la Revelación 12:7–12, es mostrado a la cabeza del ejército que luchará contra Satanás y da fin a la oscuridad.

En el proceso de darnos valor, Miguel también elimina la negatividad. A menudo, nosotros mismos somos nuestros peores enemigos, y Miguel purifica la negatividad de nuestro corazón y mente, permitiéndonos hacer planes y seguir la vida de manera positiva.

Verdad e integridad

Roger es un vendedor de un almacén de alfombras, y hace su trabajo con la ayuda de Miguel. En un tiempo solía hacer cualquier cosa para lograr una venta; con frecuencia mentía a los clientes, pero a pesar de ganar una buena comisión, se sentía culpable a todo momento. Su conocimiento sobre Miguel empezó en un seminario sobre ángeles al que asistió con su esposa. Para entrar a Miguel en su vida, decidió ser siempre honesto y veraz. En el pasado su integridad era cuestionada a todo momento, hoy día gana más dinero que antes, disfruta más su trabajo y se siente bien consigo mismo.

Esto se debe al poder de Miguel, paladín de la ley, la justicia, la verdad y la integridad. El libro de Daniel 10:21 dice: "Pero yo te declararé lo que está escrito en el libro de la verdad; y ninguno me ayuda contra ellos, sino Miguel vuestro príncipe".

Miguel también es comprensivo y compasivo, por eso es a veces conocido como el ángel de la misericordia. Una leyenda dice que los querubines fueron creados de las lágrimas que Miguel derramó cuando contempló los pecados de los fieles.

Protección

Sybil debía conducir a casa a través de un barrio peligroso después de una noche de diversión con un grupo de amigos. Siempre se sentía nerviosa en esta parte de la ciudad, y sólo pasaba por ahí porque llegaba a casa veinte minutos antes. Justo cuando se decía a sí misma que esperaba que su carro no se averiara, el motor se apagó y lentamente el vehículo rodó hasta detenerse.

Sybil aseguró todas las puertas y quedó sentada en el carro preguntándose qué hacer. Recordó haber leído sobre Miguel y cómo él la protegería. Parecía algo muy difícil, pues ella nunca antes había pedido ayuda, pero estaba preparada para intentar algo. Mentalmente le pidió a Miguel que viniera a ayudarla; sintió una repentina paz y supo que ya no estaba sola. Finalmente, pudo pensar con claridad otra vez. Sin embargo, una voz suave siguió diciéndole que saliera del auto y buscara ayuda en una casa cercana donde había luces prendidas. Para su sorpresa, salió de la seguridad de su auto, cruzó la calle y tocó el timbre de la vivienda.

"No sentí miedo", explicó después. "Sólo supe que estaba protegida y que nada malo me ocurriría".

Ella tenía razón. La puerta fue abierta por un hombre joven con cabello erizado. Bajo circunstancias normales, en esta parte de la ciudad, se habría aterrorizado de él, pero tranquilamente le explicó lo sucedido, y el joven le prestó el teléfono para pedir ayuda. Llamó a su hermano, y mientras esperaba que llegara, el dueño de casa le dio una taza de té y hablaron sobre música rap.

"Es la experiencia más extraña de toda mi vida", me dijo Sybil. "Me sentí segura, protegida y totalmente en control. La ayuda de Miguel me transformó. Desde entonces he acudido a él varias veces, pues sé que siempre está presente para mí".

Hay una antigua historia románica que muestra que Miguel protege y también defiende a las personas que lo necesitan. En esta historia, un grupo de doncellas aladas atacó a un hombre indefenso que era casi ciego. Miguel las localizó y castigó.[19] Mientras escribía este libro, Miguel ayudó a dos de mis parientes. Mi hija Charlotte y su familia estaban en el auto y a punto de salir cuando ella oyó una voz que le sugirió mirar debajo del vehículo, y encontró el gato de la casa dormido junto a una de las ruedas. Si Charlotte hubiera dado marcha atrás, habría atropellado a la mascota.

Una historia más dramática involucra a mi hijo mayor, Nigel. Él estaba regresando a su casa en Ealing, Londres, tarde en la noche, cuando fue abordado por un hombre que portaba un cuchillo grande, quien le exigió dinero. Nigel iba a sacar su billetera cuando oyó una voz que le dijo que corriera, lo cual hizo mientras era perseguido por el hombre del cuchillo. El hombre tropezó y cayó, y mi hijo pudo golpear la puerta de una vivienda y gritó que llamaran a la policía. Antes de que los ocupantes hicieran esto, llegaron varias patrullas. El delincuente había herido a una persona quince minutos antes, y la policía ya estaba buscándolo.

En ambos casos, Charlotte y Nigel oyeron una voz suave que les indicó lo que debían hacer. Ellos creen, al igual que yo, que Miguel les brindó protección y consejo.

Miguel en el arte religioso

Miguel ha aparecido, solo y con los otros arcángeles, en muchas obras de arte. Se cree que el ejemplo más antiguo de esto es un gran mosaico en la iglesia de San Michele, en Ravenna, que se remonta alrededor del año 545. Este mosaico muestra a Cristo con una cruz y un libro abierto; Miguel y Gabriel, con grandes alas y cetros, aparecen a cada lado de él.[20]

Por tradición Miguel es mostrado como un hombre joven y guapo, con un porte serio que se ajusta a alguien que está constantemente en guerra contra las fuerzas del mal. También es mostrado siempre con alas grandes. En las obras de arte más antiguas aparece usando una toga blanca y con alas de muchos colores. Del siglo XVI en adelante es frecuentemente mostrado utilizando cota de malla y cargando una espada, lanza y escudo. A menudo aparece con un pie sobre Lucifer, en forma medio humana o de dragón, y su lanza está levantada lista para atacar. Esta escena es popular porque refleja el triunfo de nuestro ser espiritual sobre nuestros instintos animales.

Fiesta de San Miguel

El doctor E. W. Bullinger, un investigador bíblico, intentó hallar el día exacto del nacimiento de Jesús, basado en hechos conocidos, y llegó a una interesante conclusión. Él cree que el 25 de diciembre es la fecha de concepción de Jesús, y que en realidad nació el 29 de septiembre. También considera que los dos arcángeles más grandes, Gabriel y Miguel, estuvieron involucrados. Gabriel se le apareció a María en diciembre 25 para anunciar la concepción, y Miguel visitó a los pastores en septiembre 29.[21]

En el siglo V, los romanos crearon una fiesta para Miguel. La fiesta de San Miguel es celebrada el 29 de septiembre cada año. En la Edad Media, esta celebración se volvió muy importante porque Miguel es el santo patrono de los caballeros. En una época, la iglesia católica tuvo días festivos individuales para Miguel (septiembre 29), Gabriel (marzo 24) y Rafael (octubre 24). Sin embargo, hoy día celebra a Miguel y a todos los ángeles en la fiesta de San Miguel. Las iglesias griega, armenia, rusa y cóptica lo celebran el 8 de noviembre.

En Inglaterra, tradicionalmente se cocinaba ganso en la fiesta de San Miguel. Esto explica el antiguo dicho: "Coma ganso en la fiesta de San Miguel, y no carecerá de dinero durante un año". En Irlanda se preparaba un pastel por esta fiesta, y sobre él era colocado un anillo. Se creía que la persona que recibía el anillo en su porción, pronto contraería matrimonio. En la isla de Skye se hacía un desfile, y la gente preparaba un pastel, conocido como *bannock* de San Miguel.

La fiesta de San Miguel también es importante por otra razón. En Gran Bretaña, septiembre 29 era uno de los cuatro "quarter days" (días en que empiezan los trimestres) del año financiero, pues éste se inicia en abril 1. Estos días eran ocasiones importantes en las cuales se pagaban cuentas, alquileres, deudas y primas.

Esta fiesta indicaba además el comienzo del otoño y señalaba el tiempo de dejar atrás lo que ya no estaba sirviendo para algún propósito en la vida de la persona. Esto incluía relaciones que no mejoraban, patrones de comportamiento, malos hábitos y pensamientos negativos.

Ahora que sabemos quién es Miguel, y cómo ha sido considerado a lo largo de la historia, podemos conocerlo mejor en el siguiente capítulo.

CÓMO PONERSE EN CONTACTO CON MIGUEL

LOS ángeles están dispuestos a ayudarnos cuando queramos; sólo tenemos que pedirlo. No debemos acudir a un arcángel para un asunto trivial o algo que podemos resolver solos. Pero, si la necesidad es urgente, o requiere ayuda angélica, hay que contactar un ángel específico de inmediato.

Aunque Miguel está siempre muy ocupado, su presencia está en todas partes y puede venir en nuestra ayuda en seguida. Hay varias formas de conseguir esto.

Altar angélico

Es buena idea tener un lugar sagrado específico para entrar en contacto con Miguel. Un espacio sagrado es cualquier área usada para trabajo espiritual. Entre más lo utilicemos, más sagrado y efectivo será. Con el tiempo, otras personas sentirán las energías especiales dentro de este lugar.

El espacio disponible, la privacidad requerida y la conveniencia son factores importantes al decidir dónde ubicar el altar. Puede usar cualquier habitación de la casa. La cocina, por ejemplo, es una buena elección, ya que como el corazón era tradicionalmente considerado el centro espiritual de la vivienda. Use su intuición, en lugar de la lógica, al escoger su espacio sagrado. Tampoco hay razón para que tenga sólo un altar, puede crear todos los que desee.

Si se le facilita, podría crear un altar permanente para honrar a Miguel. La mayoría de las personas no tienen esa ventaja, y usan una superficie apropiada, tal como una mesa de comedor o de té, como altar temporal. En cierto modo, esto es conveniente, pues se puede hacer un ritual limpiando y creando el altar cada vez que se va a utilizar.

Puede colocar lo que considere apropiado en su altar. Algunas personas prefieren altares bien decorados, mientras otras optan por un enfoque minimalista. Usted podría adornar su altar con velas, cristales, aceites esenciales, flores recién cortadas, plumas y algunos objetos preciados. Si tiene un cuadro o adorno angélico, también puede usarlo.

Cambie los elementos en su altar las veces que quiera. Esto depende del ritual específico que se va a desarrollar. Una amiga mía lleva a cabo un mandala antes de realizar cualquier ritual, y lo pone en el centro de su altar. Los mandalas sólo se utilizan una vez, y ella guarda los viejos en un libro que le brinda un cuadro muy iluminador de su crecimiento emocional y espiritual.

Trate de dedicar al menos cinco minutos al día frente a su altar, incluso si no está desarrollando un ritual. Encontrará que es una práctica energizante y edificante, y al mismo tiempo consagra su espacio sagrado. Sesiones regulares de este tipo relajarán su cuerpo físico, lo cual permite que el alma encuentre su fuente espiritual. Descubrirá que esto es curativo en muchos niveles.

Ritual de invocación

La invocación es el acto de invocar o acudir a un espíritu, ángel o deidad por ayuda o protección. Usaremos este ritual para llamar a Miguel, pero también puede emplearse para otros propósitos.

Necesitará un lugar donde no sea interrumpido o perturbado. Puede realizar el ritual frente a su altar. La sesión se puede desarrollar dentro de casa o al aire libre, dependiendo del clima y otras circunstancias. Tengo un lugar especial junto a mi árbol oráculo,[1] que uso en los meses de verano cuando el tiempo es apropiado. Otras veces, desarrollo este ritual en casa, donde tengo un espacio sagrado destinado para ello. Si usted no ha creado un espacio sagrado o un altar en su vivienda, puede hacer el ritual en la sala o su alcoba. Ponga en orden la habitación antes de comenzar; quite o cubra cualquier cosa que pueda distraerlo.

Disfrute un baño o ducha sin prisa para que se depure antes de la sesión. Algunas personas también ayunan y meditan de antemano.

El mejor tiempo para desarrollar este ritual es en luna creciente. Hay quienes dicen que sólo se debería hacer en este período. Yo prefiero realizar esta invocación en luna creciente; sin embargo, creo que el ritual es tan importante que debería ser desarrollado en cualquier momento que se necesite.

Use ropa floja y cómoda, y asegúrese de que la habitación esté cálida. Si lo desea, realice la sesión desnudo. También puede ambientar con incienso, velas y música. Cuando pido la ayuda de Miguel, usualmente prendo una vela anaranjada o dorada, pero prefiero no utilizar incienso ni música. Esta es una elección meramente personal; siéntase libre de hacer lo que considere necesario para crear el ambiente apropiado para el ritual.

El ritual toma lugar dentro de un círculo de aproximadamente seis pies de diámetro. Si quiere, puede trazar el círculo, o simplemente imaginar que está presente. Párese en el centro del mismo, mirando hacia el Este. Tome tres respiraciones profundas y visualícese rodeado de una luz blanca y pura. Cierre los ojos y pídale a la sabiduría infinita ayuda y protección.

Tóquese la frente con el dedo índice derecho y diga "tú eres". Mueva el dedo en línea recta hasta el área del pecho y diga "el reino". Toque su hombro derecho y diga "y el poder", luego el hombro izquierdo y diga "y la gloria". Ponga las dos manos sobre el corazón y diga "por siempre jamás, amén".

Si ha trabajado con la cábala, tal vez prefiera hacer la cruz cabalística. Para ello diga "Ateh" (porque tuyo) mientras toca su frente. Mueva el índice en línea recta por el cuerpo hasta el área genital y diga "Malkuth" (es el reino). Suba el dedo hasta tocar el hombro derecho y diga "Ve Geburah" (el poder).

Diga "Ve Gedulah" (y la gloria) mientras toca su hombro izquierdo, y "Le Olahm" (por siempre jamás, amén) mientras pone las manos sobre su corazón.

Visualícese rodeado por los cuatro grandes arcángeles: Rafael frente a usted, al Este, Miguel al Sur, Gabriel al Oeste, y Uriel al Norte.

Abra los ojos y extienda el brazo derecho frente a usted a la altura del pecho. Iniciando en el lado inferior izquierdo, con un movimiento ascendente hacia la derecha, y siguiendo con un trazo continuo, haga un pentagrama, o estrella de cinco puntas, en el aire. Este se conoce como el pentagrama de destierro, que limpia y remueve energías o vibraciones negativas, creando paz y armonía; también brinda protección. Visualícelo como una luz brillante y pulsante. Tal vez prefiera imaginarlo como si estuviera hecho en fuego. Cuando haya hecho el pentagrama, señale el centro del mismo con el brazo y el dedo índice extendidos, y diga: "arcángel Rafael, gran señor del Este y príncipe del aire, bienvenido y gracias". Haga un círculo en el aire, suficientemente grande para incluir el pentagrama.

El pentagrama es un conocido símbolo de protección, y ha sido usado de este modo durante miles de años. Hace seis mil años, los astrónomos observaron que los movimientos del planeta Venus creaban la forma de un pentagrama. La punta superior del mismo simboliza espíritu puro, y las otras puntas representan los cuatro elementos de fuego, tierra, aire y agua. Debido a que es trazado con una línea continua, el pentagrama también representa la interconexión de todo el universo. El círculo alrededor de él simboliza el espacio sagrado e impide que penetren energías malignas.

Una vez que el pentagrama haya sido trazado en el Este, con el brazo extendido, voltee hacia el Sur. De nuevo, haga un pentagrama en el aire. Apunte al centro del mismo y diga: "arcángel Miguel, gran señor del Sur y príncipe del fuego, bienvenido y gracias". Haga un círculo alrededor del pentagrama, y luego, con el brazo extendido, diríjase al Oeste.

Repita el proceso, recibiendo a Gabriel mientras apunta al centro del pentagrama. "Arcángel Gabriel, gran señor del Oeste y príncipe del agua, bienvenido y gracias". Inscriba un círculo alrededor del pentagrama, y con el brazo extendido, voltee hacia el Norte. Esta vez reciba a Uriel, después de hacer el pentagrama. "Arcángel Uriel, gran señor del Norte y príncipe de la tierra, bienvenido y gracias". Trace el círculo y luego, con el brazo aún extendido, diríjase al Este otra vez.

Ha formado un círculo de protección, y creado un espacio sagrado para trabajar.

Cierre los ojos y extienda los brazos frente a usted, cruzados en los codos para formar una cruz simbólica. Visualice los cuatro arcángeles rodeándolo. Puede verlos como ángeles grandes y hermosos. Tal vez prefiera visualizarlos como bolas de energía giratorias, o como grandes luces de color: Rafael es amarillo, Gabriel azul, Miguel rojo y Uriel verde. Incluso podría imaginarlos así: Rafael con cabello dorado y togas de color amarillo y violeta; Gabriel con cabello bronceado, usando togas azul y anaranjada; Miguel con cabello como llama, usando togas roja y verde; y Uriel con cabello oscuro y togas de color verde y negro. Sus alas están desplegadas para completar el círculo de protección.

Diga en voz alta: "frente a mí está el arcángel Rafael, y atrás se encuentra el arcángel Gabriel; a mi derecha está el arcángel Miguel, y a mi izquierda se encuentra Uriel. Tengo al Padre sobre mí, y la Madre debajo. Dentro de mí está la fuerza de vida universal. Con toda esta ayuda y protección puedo lograr cualquier cosa".

Tome una respiración profunda, sosténgala todo lo que pueda, y luego exhale lentamente. Deje que su cuerpo físico perciba lo que se siente poder alcanzar cualquier cosa, y luego abra los ojos.

Descubrirá que aunque su espacio sagrado será el mismo, se sentirá un poco diferente. Es posible, pero poco probable, que pueda ver los arcángeles. Sin embargo, sabrá, sin sombra de duda, que están presentes.

Baje los brazos a los lados y voltee hacia el Sur; es el momento de pedirle ayuda a Miguel. Hable normalmente, como si estuviera dirigiéndose a un amigo cercano. No hay necesidad de un lenguaje muy ornado o anticuado. Sea consciente de que él está presente y dispuesto a ayudarlo en cualquier forma posible.

Al final del ritual, debe volver a trazar los pentagramas en el mismo orden que antes.

Mirando al Este, haga el pentagrama de destierro y diga: "ahora destierro este círculo; gracias Rafael, arcángel del Este y el aire". Con el brazo extendido, voltee hacia el Sur, trace el pentagrama y diga: "ahora destierro este círculo; gracias Miguel, arcángel del Sur y el fuego, gracias por todas tus bendiciones". Deje el brazo extendido, diríjase al Oeste, haga el pentagrama y diga: "ahora destierro este círculo; gracias Gabriel, arcángel del Oeste y el agua". Con el brazo extendido mire hacia el Norte, repita el proceso trazando el pentagrama y diciendo: "ahora destierro este círculo; gracias Uriel, arcángel del Norte y la tierra".

Voltee hacia el Este; inclínese ligeramente y diga: "gracias Rafael". Repita esto en las otras direcciones, agradeciendo a cada arcángel.

El ritual ha sido terminado, y puede salir del círculo para continuar con su vida cotidiana seguro de que su petición será concedida. Es probable que se sienta emocionado, feliz y lleno de ideas. Los problemas que parecían insuperables, ahora parecen retos menores. Disfrute algunos minutos de relajación antes de retornar plenamente al mundo material. Podría comer o beber algo para equilibrar su energía con la tierra después del ritual.

Ritual con cristales

Los poderosos efectos que tienen los cristales sobre nuestro ser físico, mental y emocional, han sido conocidos durante miles de años. Por consiguiente, no es sorprendente que ciertos cristales estén asociados con el reino angélico. Se cree que la primera persona que tuvo en cuenta esto fue el papa Gregorio, quien consideraba el carbunclo como una gema talismánica para los arcángeles.[2] Los cristales azules, amarillos y dorados son los que más se relacionan con Miguel. No obstante, use su intuición, porque funcionará cualquiera que considere apropiado para usted. Los cristales que me gusta usar con Miguel son el zafiro, lapislázuli, aguamarina, turquesa y topacio (azul y amarillo).

El *zafiro* purifica y restaura el alma, y ayuda en la relajación y meditación. Es conocido como la piedra filosofal porque hace que quien lo use logre serenidad del espíritu y descubra verdades ocultas. Además, brinda energía, entusiasmo, apoyo y sentido común.

El *lapislázuli* ayuda en el desarrollo espiritual y estimula la intuición, especialmente la clariaudiencia. Elimina temores, dudas y preocupaciones, y promueve el amor y la amistad.

La *aguamarina* estimula la creatividad, percepción, claridad y comprensión. También es usada a veces para fortalecer el sistema inmune.

La *turquesa* suele ser utilizada como amuleto de protección. También brinda confianza en sí mismo, energía y entusiasmo; anima y alegra mientras elimina energías negativas.

El *topacio azul* da inspiración y ayuda a liberar problemas emocionales. Hace que quien lo use vea las cosas de forma distinta y se exprese creativamente. El topacio amarillo estimula la creatividad y concentración, y hace que su portador desarrolle la espiritualidad. También crea armonía e incita la serenidad del espíritu.

El *cuarzo rutilado* es otro cristal que puede emplearse para entrar en contacto con el reino angélico. A veces es llamado "cabello de ángel" porque las inclusiones de rutilos dorados y plateados dentro del cuarzo claro lucen como pelo atrapado. El cuarzo rutilado estimula el contentamiento, la armonía y la serenidad del espíritu, además del crecimiento espiritual.

Siéntese cómodamente en un lugar donde no sea interrumpido. Asegúrese de usar ropa floja y estar razonablemente cálido. Ponga el cristal en la palma de su mano izquierda, y apoye el dorso de ésta sobre la palma de la mano derecha. Ponga las manos sobre su regazo o a la altura del ombligo. Cierre los ojos y tome varias respiraciones lentas y profundas. Luego piense en el cristal que descansa en su mano izquierda. Observe las energías y pensamientos que lo invaden. Tal vez sienta que el cristal responde a su atención, o que algunas de las cualidades que brinda se esparcen por todo su cuerpo.

Tome su tiempo para hacer esto. Si hace el ritual demasiado rápido, es probable que no capte algunas percepciones valiosas que se presentan durante la meditación. Cuando sienta que está listo, pídale a Miguel que se haga presente. De nuevo, tenga paciencia y espere el tiempo que sea necesario. Siéntese tranquilo, con los ojos cerrados, y espere una señal de que Miguel ha llegado. Podría percibir un ligero cambio de temperatura, o tener la sensación de saber que él está presente. Esto puede suceder en fracción de segundo, de un momento a otro se dará cuenta que se encuentra ahí.

Cuando Miguel haya llegado, pídale mentalmente lo que desea. Una vez que termine la conversación, agradézcale, tome unas respiraciones profundas y abra los ojos.

Ritual con péndulo

Un péndulo es un pequeño peso atado a un hilo o cadena. Mi madre siempre usaba su anillo de boda como peso y lo ataba a un hilo corto. Péndulos especialmente fabricados como tales se consiguen en cualquier tienda de la Nueva Era, pero péndulos efectivos también se pueden hacer con cualquier objeto pequeño suspendido de un hilo o cuerda. El peso ideal es de aproximadamente tres onzas. Tendrá que experimentar para determinar la mejor longitud de hilo para usted; entre tres y seis pulgadas debería funcionar bien.

Si es diestro, sostenga el hilo con el pulgar y el índice de su mano derecha, apoye el codo sobre la superficie del altar y suspenda el peso a una pulgada de la misma. Si es zurdo, probablemente se le facilitará más usar el péndulo con la mano izquierda. Sin embargo, experimente, pues muchas personas prefieren utilizarlo con la mano menos dominante.

Detenga el movimiento del péndulo con la mano libre. Luego pregúntele cuál movimiento indica una respuesta "sí"; puede hacer esta pregunta mentalmente o en voz alta. Podría tomar uno o dos minutos que el péndulo responda la primera vez que usted intente esto. Cuando se acostumbre a él, se moverá inmediatamente. Verá que se mueve en una de las cuatro direcciones para indicar "sí"; podría balancearse de lado a lado, hacia usted, o moverse de forma circular en el sentido de las manecillas del reloj o al contrario.

Una vez que el péndulo le dé una respuesta positiva, pregúntele por los tres movimientos que indican "no", "no sé" y "no quiero responder".

Pruebe los movimientos con preguntas de las que ya sabe las respuestas. Por ejemplo, puede preguntar "¿soy hombre?" Si lo es, el péndulo debería indicar un "sí"; si es mujer, debería decir "no".

Al igual que en otras cosas, se requiere práctica para dominar el péndulo. Sin embargo, es un talento útil que podrá usar de muchas formas.[3]

Cuando esté familiarizado con el péndulo podrá utilizarlo en un ritual para ponerse en contacto con Miguel. Siéntese frente a su altar, y conscientemente relájese todo lo posible. Después de uno o dos minutos, coja su péndulo y pausadamente muévalo en el sentido de las manecillas del reloj durante sesenta segundos. Detenga el movimiento y diga en voz alta que quiere hablar con Miguel; piense en su necesidad de comunicarse con él, y luego pregúntele al péndulo si el arcángel está con usted. Con suerte, el péndulo le dará una respuesta positiva y podrá empezar a pedirle ayuda a Miguel. Si la respuesta es negativa, significa que el arcángel está en camino; espere otros sesenta segundos, y luego pregunte de nuevo.

Una vez que Miguel dé una respuesta positiva, puede continuar con una de dos formas: haciéndole preguntas que serán respondidas a través del péndulo, o dejando a un lado el instrumento para oír las respuestas del arcángel en su mente (clariaudientemente).

Ritual de meditación

El ritual de meditación es una forma muy agradable de entrar en contacto con Miguel. Es mejor que haga esto cuando no esté cansado, pues podría quedarse dormido antes de hacer contacto.

Acuéstese de espaldas, sobre el piso o una cama firme; use una almohada si es necesario. Asegúrese de que la habitación esté cálida, pues es probable que pierda uno o dos grados de calor corporal durante este ritual. Utilice ropa floja y cúbrase con una cobija si siente que la necesita.

Cuando se sienta cómodo, cierre los ojos, tome una respiración profunda, y exhale lentamente. Deje que una oleada de relajación invada todo su cuerpo. Continúe respirando lenta y profundamente. Después de varias respiraciones, dirija su atención al pie izquierdo, y deje que se relaje totalmente. Cuando sienta que se ha relajado todo lo posible, mueva su atención lentamente por la pierna izquierda, relajando los músculos de la pantorrilla, rodilla y muslo. Una vez que esta pierna esté completamente relajada, relaje la pierna derecha del mismo modo.

Continúe hacia arriba por el cuerpo, relajando su abdomen, estómago, pecho y hombros. Permita que la relajación invada el brazo izquierdo hasta las yemas de los dedos. Repita esto en el brazo derecho.

Ahora relaje los músculos del cuello y la cara. En este momento, todo su cuerpo debe estar relajado; examínelo mentalmente para asegurar que es así. Relaje las áreas que aún tienen cierto grado de tensión. Cuando esté seguro de sentirse totalmente relajado, piense en los músculos alrededor de los ojos para asegurar que se encuentren lo más relajados posible.

Ahora, en este estado de plena calma y relajación, piense en el arcángel Miguel y pídale que venga. Piense en la necesidad que tiene de él, y por qué está pidiendo ayuda. Gradualmente, tendrá la sensación de que Miguel está a su lado. Es probable que sea una sensación, pero podría aparecer una imagen clara de Miguel en su mente. Tal vez sienta en cada fibra de su ser que Miguel se encuentra con usted. Cuando sepa que él está presente, agradézcale y haga su petición.

Ritual de clariaudiencia

La clariaudiencia es la capacidad de oír cosas de forma clarividente. Algunas personas hacen esto naturalmente, pero cualquiera puede aprender a hacerlo con práctica. Si tiene una concha marina grande, experimente con ella poniéndola en el oído y oyendo los sonidos del océano. Obviamente, esto no es lo que en realidad oye, pero actúa como un medio audible que trabaja con el oído psíquico, de la misma forma que una bola de cristal lo hace con la visión psíquica.

Con la clariaudiencia, aparecerán pensamientos en su mente. En principio podría dudar de los mensajes que reciba. Después de todo, nuestra mente está ocupada dándonos información a lo largo del día. ¿Cómo podemos determinar cuáles pensamientos son psíquicos y cuáles son nuestros? Un método para desarrollar esta capacidad es imaginar una conversación con alguien que uno admira mucho. Hágale una pregunta a esta persona y luego piense en la respuesta; repita esto varias veces. Cuando se sienta listo, haga otra pregunta, pero no intente dar una respuesta; espere y observe lo que llega a su mente. Descubrirá que su capacidad en la clariaudiencia se desarrolla mejor cuando deje de analizarla y simplemente permita que ocurra.

Siéntese en una silla cómoda, con lápiz y papel. Podría encontrar útil usar lapislázuli, ya que este cristal estimula las capacidades clariaudientes. Cierre los ojos y tome varias respiraciones lentas y profundas para relajar la mente y el cuerpo. Visualícese rodeado por una luz blanca pura, y luego pídale a Miguel, en voz alta o mentalmente, que se haga presente. He realizado este ejercicio en una habitación con otras personas a mi lado, y no han tenido ni idea de que estaba contactando a Miguel. En estos casos no digo nada en voz alta.

Cuando sienta que Miguel está con usted, hágale las preguntas que desee. Las respuestas del arcángel aparecerán en su mente. No las evalúe ni piense en ellas de ningún modo; es buena idea ponerlas por escrito para que las examine posteriormente.

Cuando termine de hacer las preguntas, agradézcale a Miguel por su ayuda. Concéntrese en su respiración varios segundos, sea consciente de su entorno, y luego abra los ojos. Espere uno o dos minutos antes de leer las respuestas que escribió.

Ritual de "escribir una carta"

Este método es similar al ritual de clariaudiencia. Comience escribiéndole una carta a Miguel, como si la hiciera para un amigo cercano; en realidad, eso es lo que él es. Después de todo, Miguel lo ama y está preparado para ayudarlo en cualquier forma posible. Cuéntele al arcángel lo que sucede en su vida, dándole la información que considere necesaria. Esto es principalmente para aclarar todo en su mente, y es una parte importante del ritual. Menciónele a Miguel las personas importantes en su vida, y luego continúe con sus esperanzas y sueños. Cuando se sienta listo, haga su petición, firme la carta, métala en un sobre, séllelo y diríjalo al arcángel Miguel.

Si es posible, deje que pase la noche antes de continuar con el ritual. Si el asunto es urgente, puede seguir de inmediato, pero por lo general es mejor dejar que pasen unas horas entre escribir la carta y enviarla a Miguel.

Asegúrese de que no será interrumpido. Siéntese cómodamente frente a su altar, prenda una vela si quiere, cierre los ojos y rodéese de luz blanca. Cuando se sienta listo, pídale a Miguel que se haga presente. Una vez que perciba su presencia, abra el sobre y lea la carta en voz alta. Cuando termine, dóblela otra vez y métala en el sobre. Repose tranquilamente y espere que Miguel responda.

La respuesta puede llegar de diversas formas. Usualmente, Miguel le enviará un mensaje que recibirá clariaudientemente. Como alternativa, usted puede imaginar una carta llegando a su mente; véase recibiéndola, abriéndola y leyéndola. Otra posibilidad es que tenga la sensación de saber que todo saldrá bien. Aunque no reciba una respuesta específica, sentirá en cada parte de su ser la certeza de que Miguel actuará en su nombre para resolver la situación. Abra los ojos, seguro de que la carta está siendo atendida.

Es probable que no sienta nada de inmediato. Si esto ocurre, siga sentado unos minutos, y luego perciba gradualmente el entorno y abra los ojos. Continúe con su día, seguro de que Miguel le dará una respuesta cuando él esté listo. En estas ocasiones, tal vez descubra que la situación se soluciona sin necesidad de que el arcángel responda. Él habrá atendido la situación y creado un resultado satisfactorio para todas las personas involucradas.

Rezarle a Miguel

En cierto sentido, todas las meditaciones en este capítulo son una forma de oración. Cuando alguien hace un esfuerzo consciente por ponerse en contacto con las fuerzas divinas, está orando. Rezar es un método muy efectivo de comunicación espiritual que se remonta a tiempos prehistóricos. Esta práctica quizás empezó cuando las personas comenzaron a hablar con las fuerzas de la naturaleza para controlarlas o al menos negociar con ellas.

Cuando era niño me dijeron que una oración siempre llamaba la atención de un ángel. No recuerdo cuestionar esto, y probablemente lo tomé como mi ángel guardián. Siempre he encontrado reconfortante creer que un ángel llegará a auxiliarme cada vez que le rece por ayuda.

Podemos enviar una oración a Miguel cuando queramos. No necesitamos arrodillarnos junto a la cama uniendo las palmas de las manos. Podemos rezar mientras conducimos, tomamos una ducha, comemos o hacemos otras cosas. Una oración es una comunicación que puede realizarse en cualquier momento.

Podemos orar en silencio o en voz alta. Yo prefiero hacerlo en voz alta, pues de este modo parece aumentar la fuerza de mis oraciones, pero obviamente hay ocasiones en las que no es posible. Una de mis vecinas reza por el bienestar de sus hijos cada mañana cuando los deja en la escuela; debido a que hay otros padres de familia ahí, ella lo hace en silencio.

La oración se puede iniciar con algo conocido, tal como el padrenuestro; sin embargo, la elección de palabras depende completamente de cada persona. Hablando desde el corazón fluyen las palabras correctas.

Muchos creen que Miguel es el autor del salmo 85, y lo recitan para invocarlo.[4] Después de decir el último versículo ("la justicia irá delante de él, y sus pasos nos pondrá por camino"), inhale profundamente, sostenga la respiración varios segundos, y luego exhale con lentitud. Espere hasta sentir que el arcángel está con usted.

Hay dos factores importantes en la oración que a menudo son pasados por alto. Una vez que la oración ha sido expresada, hay que dejarla al universo para que se manifieste. Por eso muchas oraciones finalizan con "será hecho". Esto muestra que el universo sabe que es mejor para nuestra vida más que nosotros mismos.

El otro factor es el agradecimiento. Una vez que recibamos lo que pidamos, debemos dar gracias. Siempre agradecemos a alguien que hizo algo bueno o generoso por nosotros; del mismo modo, debemos mostrar nuestra gratitud por Miguel.

Caminar con Miguel

Disfruto caminar, y por lo general lo hago una hora casi todos los días; me libera del teléfono y otras distracciones, y me permite pensar en varias cosas mientras ejercito el cuerpo.

Mi primera experiencia de caminar con Miguel no fue planeada; había estado ocupado en el día, así que salí a dar un paseo en la noche, antes de acostarme.

Después de caminar unos veinte minutos, apareció un mensaje en mi mente, sugiriendo que cruzara la calle y tomara otra ruta a casa. No era lo que pensaba hacer, pero he aprendido a ponerle atención a los mensajes intuitivos que al parecer no provienen de ninguna parte.

Crucé la calle y di vuelta a la derecha en la esquina. Al hacerlo, me di cuenta de que alguien estaba caminando junto a mí. No pude ver ni oír nada, pero supe de inmediato que Miguel caminaba por la calle conmigo, dándome protección y dirección.

Le agradecí mentalmente, y disfruté una agradable conversación psíquica en todo el camino a casa. Miguel me dejó en la puerta principal de mi vivienda, y entré pensando en lo que había ocurrido.

Al día siguiente, oí que dos grupos de adolescentes habían tenido un enfrentamiento en el área hacia donde yo me dirigía. Si el arcángel no me hubiera sugerido otra ruta, habría caminado directo a ese peligroso lugar.

Días después, estaba de nuevo caminando en la noche pensando en Miguel y en lo que había hecho por mí. Mentalmente envié un mensaje de agradecimiento. De inmediato sentí su presencia otra vez; le dije que estaba agradecido de que apareciera de nuevo, pero que no era necesario. Miguel respondió que disfrutaba caminar conmigo y era un buen momento para una conversación. Recuerdo que en esa caminata discutimos algunos asuntos kármicos que yo estaba tratando de resolver.

He gozado de innumerables caminatas con Miguel desde entonces, y considero que andar con él es una de las formas de meditación más efectivas. Hay muchas razones para esto. Se está lejos de casa y de todas las distracciones normales de la vida cotidiana; caminar es una forma de ejercicio agradable y suave que envía oxígeno al cerebro y crea sensaciones de bienestar y alegría; en la caminata uno recibe aire fresco, con vistas, sonidos y olores nuevos y diferentes. Un conocido vagabundo en Nueva Zelanda solía decir: "el mundo es mi iglesia, y la vida es mi oración".[5] Pasar tiempo al aire libre hace que esto sea muy cierto para mí.

La meditación es reflexión y contemplación. No es necesario sentarse en la posición de loto para hacerla. Encuentro que una caminata agradable, libre de las distracciones habituales, crea la oportunidad perfecta para meditar.

Como usted ya sabe, puede acudir a Miguel cuando quiera. Sin embargo, disfrutar una caminata con él convierte la experiencia en una conversación agradable, y podrá abarcar mucho más que en una típica meditación.

Camine rápidamente los primeros minutos y luego mantenga un ritmo más pausado. Tome algunas respiraciones profundas y disfrute del aire fresco. Luego de varios minutos, empiece a pensar en Miguel; transmítale pensamientos de amor y agradecimiento. Piense en casos específicos en los que él lo ha ayudado. Mientras lo hace, es probable que sienta que Miguel está caminado a su lado. Si esto ocurre, agradézcale mentalmente por acompañarlo, y luego dígale lo que tiene en mente. Si no llega mientras está pensando en él, deténgase después de unos minutos, y luego pídale que se haga presente.

No debe preocuparse si Miguel no aparece la primera vez que practique una meditación caminando; siga con su caminata y experimente en otra ocasión. Es importante permanecer relajado. Es probable que se decepcione si se pone tenso y preocupado de que Miguel no aparezca. La mejor actitud es disfrutar la caminata y no pensar demasiado en si el arcángel lo acompañará o no.

Tenga la seguridad de que Miguel siempre estará con usted si el asunto es urgente. (Sin embargo, el ritual de evocación es el mejor cuando se necesita una ayuda inmediata).

Comunicarse con Miguel en los sueños

En el estado de sueño somos mucho más receptivos a los mensajes angélicos que cuando estamos despiertos; esto se debe a que es más probable pasarlos por alto en medio de todas las distracciones del día. Por eso la meditación es excelente de hacer contacto con el reino angélico, pues intencionalmente relajamos el cuerpo y aquietamos la mente.

Para contactar a Miguel en los sueños, piense en su necesidad mientras yace en la cama esperando dormirse. Pídale al arcángel que le dé la dirección y ayuda que requiere, y luego relájese para dormir consciente de que generalmente Miguel le dará la respuesta cuando despierte en la mañana. La respuesta estará en su mente tan pronto como despierte. En otras ocasiones surgirá cuando menos lo espere a lo largo del día. Si no llega una respuesta durante el día, tenga la seguridad de que el arcángel está trabajando en su asunto. Repita el ejercicio en la cama la noche siguiente, y después cada dos noches hasta que el problema sea resuelto.

Ritual de evocación

La invocación es una petición para que alguien o algo aparezcan. Para los propósitos de este libro es Miguel. Una invocación será lo que se requiere. La evocación es usada cuando el asunto es urgente y necesitamos llamar al arcángel de inmediato. Siendo optimistas, nunca necesitará hacer esto, pero está incluido para complemento.

Si es posible, mire hacia el Este. Sin embargo, como una evocación es una petición urgente, es probable que no tenga tiempo de determinar esto; en tal caso, párese en la dirección que crea que es el Este. Si se equivoca, no hará diferencia en la evocación.

Párese con los brazos a los lados y la cabeza inclinada. Cierre los ojos y visualícese rodeado por los cuatro arcángeles. Imagine una luz curativa blanca y pura que baja y lo rodea junto con los arcángeles. Tome tres respiraciones profundas y gire noventa grados a la derecha. Ahora está dirigiéndose a Miguel; abra los ojos y pídale ayuda.

En el más urgente de los casos, puede llamar a Miguel en segundos. Todo lo que necesita hacer es decirse: "Miguel, te necesito; por favor ayúdame".

Hacer lecturas con Miguel

Si usted es un lector psíquico, descubrirá que la calidad de sus lecturas mejora si consigue la ayuda de Miguel. Antes de iniciar la lectura, imagínese rodeado de una luz protectora blanca y pura. Con las manos ahuecadas, tome implementos tales como la bola de cristal, cartas del tarot, efemérides o un péndulo, o déjelos en la mesa frente a usted e imagínelos rodeados por la luz blanca.

Pídale a Miguel en silencio que le brinde protección a usted y a la persona para quien hace la lectura. Pídale que deje fluir la verdad, en un ambiente de amor y apacibilidad, de tal forma que todos se beneficien del conocimiento que llegará gracias a la lectura.

Cuando termine la lectura, recuerde agradecerle al arcángel su ayuda, consejo, consuelo y protección.

Experimente con todos estos métodos; es probable que prefiera uno o dos de ellos. Todos somos diferentes, y los métodos que una persona prefiere pueden no ser los mismos que otra encuentra más efectivos.

Ahora que sabe cómo ponerse en contacto con Miguel cada vez que quiera, es tiempo de aprender a pedirle ayuda para sí mismo y otros. Ese es el tema del capítulo siguiente.

Tres

CÓMO PEDIR AYUDA

MIGUEL está dispuesto a ayudarnos en lo que puede. Naturalmente, no debemos molestarlo con peticiones triviales; para éstas podemos acudir a nuestro ángel guardián. Hay tres cosas a considerar cuando acudimos a Miguel:

1. Las peticiones no deben perjudicar a nadie; es importante que sean positivas y para el bien de todas las personas involucradas.

2. Podemos pedirle que ayude a otros. Cuando sea posible, primero pídales permiso a estas personas. Sin embargo, hay ocasiones en que no se puede, y debemos usar nuestra discreción.

3. Miguel está preparado para ayudarnos en lo que pueda. No obstante, no siempre es el ángel apropiado;

por ejemplo, si la petición tiene que ver con una relación terminada, habría que acudir a Rafael en lugar de Miguel.

Miguel tiene que ver principalmente con protección, verdad, integridad, valor y fuerza. Si tenemos problemas en cualquiera de estas áreas, Miguel es el ángel que debemos llamar.

Protección

Tenemos el derecho a sentirnos seguros donde nos encontremos. Desafortunadamente, al igual que todos los demás, a veces experimentamos momentos en que sentimos la necesidad de protección. El recuerdo que se me viene a la mente ocurrió hace casi veinte años. Un domingo en la noche yo caminaba por la calle principal de la ciudad en que vivo. Miembros de una iglesia fundamentalista estaban teniendo un servicio en el Town Hall, y su reunión terminó cerca de la hora en que pasé por ahí. Algunos miembros de la congregación me reconocieron, pues había sido entrevistado en televisión unas noches atrás hablando sobre temas psíquicos. Se enojaron al verme y me persiguieron en la calle. Estaba aterrorizado y corrí lo más rápido que pude. Mis perseguidores me iban a alcanzar, y finalmente pensé en acudir a Miguel. Para mi asombro, los hombres dejaron de seguirme y se devolvieron a unirse a los otros miembros del grupo. No tengo la menor duda de que fue Miguel quien los detuvo. Después caí en cuenta de cuán irónico fue haber llamado a Miguel para que me protegiera de individuos que profesaban ser buenos cristianos.

Esto prueba que podemos acudir a Miguel en una emergencia y recibir ayuda inmediata. Por fortuna, esa es la única vez que he necesitado hacerlo. Si ocurre de nuevo algo semejante, llamaré al arcángel de inmediato.

Miguel también brinda protección en diversas formas. Si usted tiene una relación abusiva, por ejemplo, acuda al arcángel para que le dé protección emocional. Una de mis estudiantes le contó a la clase cómo había sido abusada sexualmente por su padrastro. Después de varios años padeciendo tal situación, ella le pidió protección a Miguel, quien se la dio y además la dotó del valor y la fuerza para defenderse del abusador.

Miguel también brinda protección psíquica. Si está siendo víctima de un ataque psíquico, llámelo para que lo proteja. Otra de mis estudiantes nos contó cómo estaba siendo atacada psíquicamente por un hombre que quería su puesto de trabajo.

"Él siempre fue agradable conmigo en persona", recuerda ella. "Pero había algo en sus ojos que me preocupaba; parecían mirar directo dentro de mí. Incluso sabía cuándo se encontraba detrás de mí, porque sentía que esos ojos penetraban mi cuerpo. Hasta que lo conocí, en realidad no había creído que fuera verdad lo del mal de ojo, pero este hombre me hizo cambiar de parecer al respecto. De todos modos, él no pudo con Miguel; encontró otro empleo poco después de que acudí al arcángel. Luego alguien que había vivido con este individuo me dijo que tenía problemas con muchas personas y practicaba la magia negra para desquitarse".

También podemos pedirle a Miguel protección física. Hace varios años me perdí en Niterói, una ciudad al otro lado del puerto de Río de Janeiro. Me encontraba en una parte muy descuidada de la ciudad, y estaba preocupado por hallar mi camino de regreso al hotel, ya que no hablaba portugués. Acudí a Miguel para que me protegiera mientras vagaba por las calles, hasta que finalmente me encontré en un lugar que reconocí. Quizás todo habría salido bien sin la protección del arcángel, pero me sentí mucho mejor con ella.

Conozco varias personas que han pedido la protección de Miguel en situaciones similares. Una amiga estaba conduciendo a casa tarde una noche, y su auto se averió en una parte peligrosa de la ciudad. Ella le pidió a Miguel que la protegiera mientras buscaba un teléfono público. A propósito, como consecuencia directa de esta experiencia, esta mujer fue la primera persona conocida que supe que había comprado un teléfono celular.

Una niña de trece años de edad, hija de unos amigos, fue dejada sola en su casa una noche que su madre fue llevada al hospital con apendicitis. Ella acudió a Miguel para que la protegiera, y estaba durmiendo tranquilamente en la cama cuando su padre regresó a casa. Pudo dormir sólo porque le había pedido protección al arcángel.

Por consiguiente, sin importar qué tipo de protección necesitemos, Miguel está listo y dispuesto a brindarla. Todo lo que debemos hacer es pedir su ayuda. Si hay tiempo, se puede hacer un ritual de esto; es buena idea si estamos pidiendo protección para nosotros mismos, la familia, seres queridos, una comunidad, el país o incluso el mundo.

Ignore a quien le diga que una persona no puede hacer una diferencia; sus sesiones regulares con Miguel tendrán un efecto. A propósito, pocas veces le cuento a alguien fuera de mi círculo familiar lo que hago en mi espacio sagrado. La mayoría de gente no entendería o interpretaría mal mis motivos para pedir protección para las personas especiales en mi vida. Encuentro que es mejor hacer mis rituales, cuando creo que son necesarios, sin mencionarlos a nadie más.

No hay una forma estricta de pedirle protección a Miguel. Yo lo hago hacia el comienzo del ritual, una vez que el arcángel ha llegado. Empiezo pidiendo protección para mí mismo; me visualizo rodeado por una luz blanca y pura, como si estuviera directamente debajo de un reflector en un escenario. Luego pido protección para mis parientes y amigos, y visualizo la luz blanca expandiéndose hasta abarcarlos a todos. Si siento que algunos necesitan más protección, los especifico por nombre. Después pido lo mismo para las personas con quienes trabajo, mi ciudad, el país y el mundo. Mientras pienso en cada grupo de personas, visualizo el círculo de luz blanca expandiéndose para cubrirlos a todos. Cuando he llevado esto hasta donde quiero, retengo en mi mente la imagen de la luz todo el tiempo posible. Luego le pido a Miguel que proteja a todos los que quiero. Usualmente, finalizo el ritual en este punto; sin embargo, si hay otros asuntos que deseo discutir con Miguel, me aseguro de que sean tratados antes de concluir el ritual.

Podemos pedir protección de este modo en un momento de crisis. En uno de estos casos, diga "Miguel, te necesito ahora; ¡ayúdame!" Esto funciona, incluso si no ha contactado al arcángel en el pasado. No obstante, es mucho más fácil de hacer, y es más probable que lo logre, si tiene una comunicación regular con él.

Protección inmediata y duradera

Un método tradicional para obtener protección inmediata y duradera del arcángel Miguel es quemar una manzana roja y hojas de laurel en un fuego abierto. Después de observar las llamas uno o dos minutos, lea el salmo 85 en voz alta. Coloque las cenizas en una pequeña bolsa roja, y cargue esto hasta que termine el peligro inmediato. Luego, en una noche de martes en luna creciente, riegue las cenizas alrededor de su casa.

Fuerza y valor

Miguel también está dispuesto a darnos todo el valor que necesitamos para enfrentar cualquier obstáculo o reto. Sin importar en qué tipo de situación nos encontremos, el arcángel nos dará el valor y la fuerza necesarios para encararla.

Hace algunos años, una antigua cliente mía se encontraba en una situación laboral difícil. El jefe hacía su voluntad intimidándolos a todos, y no vacilaba en gritarle al personal si no hacían lo que él quería. Naturalmente, esto creaba un ambiente de trabajo muy estresante.

Natalie empezó a buscar un empleo más agradable, pero luego decidió enfrentar a su jefe porque el puesto tenía buenas perspectivas y estaba aprendiendo mucho. Durante varios días, desarrolló un ritual en el que le pedía a Miguel suficiente valor para hacer frente a ese hombre. Ella casi le habla de su comportamiento agresivo y autoritario, pero el miedo la detuvo.

Finalmente, se sintió preparada; le pidió a Miguel que la protegiera, y se dirigió con resolución hacia la oficina del jefe. Se sentó y le dijo todo lo que pensaba, cómo todos odiaban su táctica amenazante y voz fuerte, su agresividad e intimidación. El jefe quedó perplejo, nadie le había dicho esto antes. Natalie pensó que él se enojaría y que tal vez quedaría desempleada al final de la conversación. En lugar de eso, después de escucharla varios minutos en silencio, salieron lágrimas de los ojos del jefe, quien se disculpó por su conducta. Le pidió que le ayudara a superar sus fallas y ser un mejor supervisor. Esto no fue fácil, pero con la ayuda de Natalie, gradualmente empezó a comportarse como un ser humano normal, y le entregó una maravillosa carta de recomendación cuando inició su propia empresa.

Natalie atribuye a Miguel la transformación de su jefe. "Si no me hubiera dado el valor que necesitaba para enfrentarlo, él nunca habría cambiado. Yo también cambié; después de esa experiencia nunca he vuelto a permitir que alguien me trate así, pues sé que Miguel está presente para ayudarme".

Yo he sido terapista y consejero a través de los años. Hace un tiempo, me visitó un ex pastor que había perdido su fe. Abandonó su parroquia, se trasladó a otra ciudad y empezó a vender seguros de vida, pero fracasó en este trabajo y en otros que intentó. Las cosas empeoraron cuando su esposa se marchó con un hombre con quien había estado teniendo una relación amorosa, cerca de la fecha en que el banco extinguió el derecho de redimir su hipoteca. Se encontraba tan deprimido que estuvo a punto de suicidarse.

En una de nuestras sesiones mencioné por casualidad los arcángeles. Él me dijo que a pesar de su pérdida de fe, a veces sentía la presencia de ángeles y creía que lo protegían. Esto me dio la oportunidad que necesitaba; le sugerí que acudiera a Miguel y le pidiera el valor y la fuerza requeridos para que superara sus problemas y reiniciara su vida.

Secretamente, dudé que él lo lograra. Sin embargo, una semana después, llegó para su cita luciendo más pulcro y arreglado que en las citas anteriores. Aún estaba deprimido, pero evidentemente había progresado mucho desde la última vez que lo vi. Con la ayuda de Miguel, empezó a salir adelante, inició una nueva relación, recuperó su fe y se dedicó a trabajar tiempo completo orientando adolescentes con problemas. Nada de esto habría sucedido si él no hubiera acudido a Miguel para que le diera el valor y la fortaleza que necesitaba.

Un compañero de colegio siempre fue molestado constantemente, pues era desgarbado y sumamente tímido. En sus veintes tomó con poco éxito una serie de cursos de superación personal. El cambio importante en su vida se dio cuando casi tenía treinta años. Conoció a una mujer que le atrajo, pero era demasiado tímido para invitarla a salir. Hice con él un ritual que invocó a Miguel, pidiéndole que le diera a mi amigo confianza, fuerza y valor para que entablara una relación con ella. Tener una novia por primera vez hizo maravillas en su autoestima. Cuando descubrió que podía acudir a Miguel cada vez que fuera necesario, él empezó a exigirse más a sí mismo, y hoy día no hay rastros de la timidez e introversión que lo mantuvo al margen durante tanto tiempo.

A través de los años he aconsejado a muchas personas con problemas de adicción. En muchos casos, pedirle a Miguel que les diera la fuerza y el valor para superar tales dificultades, hizo la diferencia entre el éxito y el fracaso.

Miguel también puede ayudar a personas con problemas en las relaciones. A veces aconseja a las personas para que sigan juntas y resuelvan sus problemas. No obstante, también les sugiere alejarse de la relación si esa es la mejor solución.

Luanne es una mujer atractiva de unos treinta años de edad. Siendo adolescente, conoció a un joven de su misma edad, y un par de años después se casaron. Luego llegaron a sus vidas dos hijos en poco tiempo. El esposo de Luanne tenía pocas habilidades laborales, y la familia vivía en precaria situación financiera. Él empezó a beber demasiado y a culpar a todos los demás por sus problemas. Finalmente, la situación se tornó insoportable para Luanne, y se marchó junto con los niños. Su esposo le rogó que volviera a casa, y lo hizo de mala gana. Todo funcionó bien unos meses, y luego el ciclo empezó de nuevo. Luanne se marchó y regresó varias veces antes de pedirle a Miguel que le diera la fortaleza necesaria para alejarse permanentemente. Su esposo no quiso aceptar el hecho de que la relación se había acabado, y amenazó con matarse además de terminar con la vida de Luanne y los niños. Miguel le dio a ella la fuerza para defenderse y proteger sus hijos; se negó a regresar, y al final, cuando ya era demasiado tarde, su esposo reconoció lo que había hecho.

Mientras escribía este capítulo, conocí a alguien que le había pedido a Miguel que lo ayudara en una entrevista de trabajo. Por lo visto, Millard se sentía muy nervioso antes de las entrevistas, y eso le había costado buenas oportunidades en el pasado; estaba resuelto a luchar para que no ocurriera de nuevo. Por consiguiente, le pidió a Miguel el valor y la fuerza necesarios para manejar bien la entrevista. Funcionó incluso mejor de lo que esperaba, y Millard está ahora disfrutando su nuevo trabajo, aunque lamenta no haberle pedido ayuda antes al arcángel.

Podemos pedirle a Miguel valor y fuerza cada vez que sea necesario. Es mejor hacerlo de antemano, pero hay ocasiones en que requerimos ayuda inmediata.

Tuve una situación como esta cuando un perro salió corriendo de la entrada de una casa hacia mi auto. Mermé velocidad, pero él desapareció de mi vista y pensé que lo había atropellado. Le pedí fuerza a Miguel, y luego levanté el auto lo que más pude para que el perro saliera; él se alejó corriendo, al parecer ileso. Había oído de situaciones en que personas tuvieron mucha más fuerza que la que hubieran creído posible, pero esta es la única vez que yo mismo la he experimentado. Tengo problemas de espalda, pero levantar el auto en esta situación no me causó lesiones en lo absoluto. Es asombroso lo que puede hacerse con ayuda y protección angélica.

En los momentos especiales en su espacio sagrado, pídale a Miguel que le dé la fuerza y el valor para defenderse cuando sea necesario y apoyar lo que es bueno y correcto. Estos sentimientos de valor serán parte de su naturaleza y tendrá más poder y control en cada tipo de situación.

Honestidad e integridad

Ser fiel a sí mismo es un aspecto importante para tener una vida feliz. Cada vez que comprometemos nuestra integridad, o no somos del todo honestos, dejamos de mostrar nuestra verdadera naturaleza. Miguel puede ayudarnos con estos retos que afectan a todo el mundo.

Una familiar evitaba tanto la confrontación, que siempre estaba de acuerdo con otras personas sin importar cuáles fueran sus verdaderos sentimientos. Como consecuencia, prácticamente carecía de autoestima y se sentía mal consigo misma todo el tiempo. Ella aprendió que con la ayuda de Miguel podía superar este problema

La primera vez que fue lo suficientemente valiente para defender su punto de vista, fue cuando su esposo hizo un comentario político en la mesa del comedor. Bajo otras circunstancias no habría dicho nada, pero en esta ocasión no estuvo de acuerdo y calmadamente dio las razones para apoyar su opinión; su esposo ridiculizó lo que ella dijo. En el pasado, se habría retirado para evitar la discusión, pero esta vez siguió firme y dio un argumento convincente para su posición en el tema. Su esposo se sorprendió tanto, que se quedó callado durante el resto de la cena. A partir de este pequeño comienzo, ganó confianza en sí misma y empezó a enfrentar situaciones que habría evadido antes. Con la ayuda de Miguel, su vida se transformó gradualmente.

Cuando terminé mis estudios trabajé como representante de ventas un par de años. Uno de los otros representantes, a quien llamaré Don, me comentó un problema que lo había estado preocupando por algún tiempo. Cuando empezó en este trabajo, su predecesor le presentó todos los clientes. En un hotel en que ellos estaban, la factura de alojamiento que recibieron era de muchos dólares más que lo que en realidad habían pagado. (Esto fue hace 35 años, y varios dólares significaban una gran cantidad de dinero). A Don le dijeron que esto había sucedido por años y era una práctica común. Cuando él enviara el recibo en su lista de gastos, le reembolsarían el dinero adicional. En los primeros tres viajes alrededor de su área, Don incluyó la factura en sus gastos, sintiéndose culpable, pero sin saber qué hacer al respecto. Si hablaba esto con sus superiores, se metería en problemas, al igual que todos sus predecesores en el puesto. Don me contó esta historia al calor de unos tragos, y me preguntó qué debía hacer.

"¿Quién sale perjudicado?", pregunté.

"La compañía para la que trabajamos", respondió.

"Sí", coincidí. "Lo que está haciendo está mal moral y legalmente, pues está robándole a las personas que le pagan. Pero dígame, ¿a quién está perjudicando más?"

Le tomó treinta segundos responder. "A mí mismo", dijo. "Me siento avergonzado todo el tiempo; siempre he sido honesto, y ahora, de repente, me siento sucio". Descargó su copa y estrechó mi mano. "Gracias", dijo. "Ya sé qué debo hacer".

Al día siguiente, Don dirigió al contador de la empresa una carta de excusas y un cheque por el dinero adicional que había recibido. Esperaba ser despedido, pero la compañía valoró su honestidad y meses después fue ascendido.

Relaté esta historia debido a lo que sucedió unos días después de que Don enfrentó lo que había estado haciendo.

Me dijo que vio un ángel mientras caminaba hacia la puerta principal de su casa; tenía ocho o nueve pies de altura y estaba vestido de blanco. El ángel asintió inclinando la cabeza y desapareció. Don tomó esto como una señal de que había sido perdonado. En aquel tiempo, ninguno de nosotros sabía lo suficiente sobre ángeles para adivinar de quién se trataba; ahora creo que era Miguel.

Conté esta historia en una charla que di recientemente, y una joven mujer me comentó un caso similar que le había sucedido. Cuando estaba en el colegio vio a una de sus compañeras robando en una tienda. Al no hacer algo al respecto, se sintió tan culpable como si ella hubiera cometido el delito. Se acercó a la chica involucrada, quien la amenazó con toda clase de consecuencias si le contaba a alguien. Cuando caminaba hacia el bus escolar esa tarde, vio un gran ángel parado junto a la puerta del vehículo. Ninguno de los otros estudiantes lo observó, y él siguió mirándola a ella varios segundos antes de desaparecer. Hasta entonces, ella no sabía qué hacer al respecto; sin embargo, tomó el ángel como una señal de que debía ser honesta y decir la verdad. Le dijo a la compañera que había robado los artículos que los devolviera a la tienda, y fue amenazada de nuevo, pero esta vez sintió la presencia del ángel y se echó atrás. La chica devolvió a la tienda lo que había hurtado.

Otra situación que me contaron involucró a una mujer que descubrió a su esposo teniendo una aventura amorosa. Ella no sabía cómo manejar esto, y le pidió ayuda a Miguel. En una larga conversación con el arcángel, supo que amaba a su esposo y no quería que su aventura terminara con el matrimonio.

Reconoció que las cosas nunca serían iguales, pero estaba preparada para hacer lo que pudiera a fin de asegurar que los dos permanecieran juntos. Le pidió a Miguel que se comunicara con su esposo. Sólo unos días después, éste dio fin a su relación extramatrimonial. Al parecer, nunca supo que Miguel había tenido que ver en ello, simplemente se sintió repentinamente culpable de lo que estaba haciendo a espaldas de su mujer. Confesó su falta y ahora los dos trabajan por mejorar su relación.

En este caso, Miguel, arcángel de la verdad y la integridad, animó silenciosamente al esposo para que fuera fiel y honesto. Miguel puede ayudar en toda clase de situaciones que involucren la verdad, honestidad e integridad. Todo lo que necesitamos hacer es pedir su apoyo.

Todos enfrentamos la tentación de vez en cuando. Dondequiera que esto ocurra, es bueno hacer una pausa y pedirle ayuda a Miguel. En sus rituales y durante el tiempo que pase en su espacio sagrado, pídale a Miguel que lo ayude a protegerse de la tentación y a tomar las decisiones correctas. Él siempre lo ayudará a proteger su integridad y honestidad en cada tipo de situación.

En cualquier momento, si cree que lo que está planeando hacer es poco ético o deshonesto, deténgase y pídale a Miguel que le aclare la situación. La mayoría de las veces la respuesta será obvia, y no necesitará consultar al arcángel. Sin embargo, si a pesar de todo se siente tentado a hacerlo, pregúntele a Miguel, quien le dará el consejo que necesita.

Miguel siempre está listo para ayudarlo cuando lo necesite, sólo debe pedírselo. Después de experimentar los beneficios de su conocimiento y sabiduría, probablemente querrá comunicarse con él todos los días. Veremos cómo y cuándo hacer esto en el capítulo siguiente.

Cuatro

CÓMO CONTACTAR A MIGUEL TODOS LOS DÍAS

UNA vez que empiece a comunicarse con Miguel, se preguntará cómo hizo para vivir sin su ayuda y protección. Sin embargo, no debe acudir a él cada vez que tenga un problema menor en su vida cotidiana, pues en general podrá resolver el contratiempo solo o con la ayuda de parientes y amigos. Acuda a Miguel únicamente cuando el problema sea demasiado grande o difícil para manejarlo solo.

No obstante, se beneficiará teniendo una sesión corta con Miguel todos los días. Cuando haga esto, encontrará mucho más fácil la vida cotidiana. La mayoría de gente busca dirección divina sólo en momentos de crisis. En la práctica, es mejor hacer esto como una parte regular de la vida, ya que cada contacto hace mucho más fuerte la conexión espiritual.

Esta sesión le ayudará a aclarar diferentes situaciones en su vida, a tener un sentido de a dónde se dirige, y le dará una oportunidad de agradecerle a Miguel por su cuidado y protección. Cada vez que haga esta meditación se acercará más al arcángel. Una estudiante me dijo que se sentía envuelta por el manto de Miguel cada vez que desarrollaba esta sesión meditativa.

La meditación con Miguel

Si es posible, haga esta meditación a la misma hora todos los días. Tal vez prefiera meditar acostado en la cama por la noche. También podría acostarse en el piso frente a su altar. En los meses de verano me gusta meditar al aire libre, junto a mi árbol oráculo. No hace diferencia dónde o cuándo se desarrolle esta meditación.

Idealmente, hay que estar con un estado de ánimo tranquilo y reflexivo. Me toma cerca de treinta minutos caminar hasta mi árbol oráculo, y encuentro que este tiempo de soledad es muy beneficioso al prepararme para ponerme en contacto con Miguel. En realidad, incluso si voy a hacer esto en casa, a menudo doy una caminata primero, ya que restaura mi alma y me ayuda a olvidar todos los problemas cotidianos de la vida.

Acomódese bien y tome varias respiraciones profundas, sosteniendo cada una unos segundos antes de exhalar. Deje que una ola de relajación fluya con cada exhalación.

Examine en su mente su cuerpo para ver si está totalmente relajado, y relaje conscientemente las partes que aún se encuentran tensas. Cuando se sienta por completo relajado, visualícese rodeado de luz blanca pura. Báñese en la energía curativa de esta luz divina.

Ahora es el momento de invocar a Miguel. Dígase a sí mismo, en silencio o en voz alta: "arcángel Miguel, mi protector y guía; gracias por ayudarme a llevar una vida buena y honesta; agradezco todos tus esfuerzos en mi nombre; por favor, continúa andando conmigo y ayúdame, protégeme y apóyame todos los días de mi existencia".

Haga una pausa y espere una respuesta. Pueden aparecer palabras en su mente, o es probable que tenga una sensación de confianza y consuelo. Incluso podría sentirse envuelto en las alas del arcángel. Las personas perciben a Miguel de diferentes formas, y es posible que la respuesta que usted reciba varíe de un tiempo a otro. Si se siente deprimido, por ejemplo, podría oír palabras claras de consuelo y apoyo. Sin embargo, si todo está saliendo bien en su vida, tal vez tendrá simplemente la sensación de saber que Miguel está a su lado.

Cuando el arcángel haya respondido, agradézcale de nuevo. Ahora es el momento de pedirle dirección, protección o cualquier otra forma de ayuda. Por ejemplo, podría pedirle que esté a su lado si está a punto de enfrentar una situación difícil o estresante. Cuando haga su petición, dé las gracias otra vez.

Siéntese o acuéstese tranquilamente uno o dos minutos, luego tome tres respiraciones profundas y abra los ojos; podrá continuar con su día sintiéndose renovado, revitalizado y con la seguridad de que Miguel está cuidándolo.

Todas las personas con las que he hablado acerca de la comunicación diaria con Miguel, dicen que lo más importante para ellas es saber que el arcángel siempre está cerca. Con esta certeza, ellos sienten que pueden enfrentar cualquier dificultad que la vida les ponga en el camino. Una comunicación diaria con Miguel refuerza lo anterior. El ritual puede tomar sólo cinco minutos, pero brinda esperanza, consuelo y apoyo; también demuestra que no necesitamos ser una persona notable o santa para gozar de la ayuda de un arcángel. Miguel está preparado para ayudarnos en cualquier momento, sin importar qué hayamos hecho en el pasado.

Conversación con Miguel

Cuando tenía diecisiete años de edad, leí por primera vez el clásico de Napoleón Hill, *Think and Grow Rich*. En ese libro él explicaba cómo tenía conversaciones imaginarias regularmente con nueve personas que lo habían impresionado mucho. Se acostaba en la cama por la noche e imaginaba que estaba sentado a la cabeza de una mesa con quienes admiraba particularmente. Durante un período de meses, estas personas se hicieron cada vez más reales para él, y le dieron excelentes consejos. Experimenté con esto, y descubrí que funcionaba bien. En ese tiempo, mi principal interés era la música y disfruté muchas reuniones con compositores famosos.

Un día se me ocurrió que si obtenía buenos resultados con personas notables de la historia, también funcionaría con miembros del reino angélico. Empecé a tener conversaciones con mi ángel guardián en forma regular. Una noche, inicié este ritual con varios problemas en mente; le pedí a mi ángel guardián que invitara a un arcángel para que se uniera a nosotros, pues creí que podría brindar más discernimientos en mis dificultades. De inmediato, Miguel apareció, y desde entonces he disfrutado muchas conversaciones largas con él.

He comentado sobre estas conversaciones a muchas personas a través de los años, y la respuesta usual es que las comunicaciones no son reales, sino producto de mi imaginación. Sin duda esto fue cierto al comienzo; cerré los ojos y me imaginé teniendo una conversación con Miguel. Sin embargo, con el tiempo, estas charlas se tornaron tan reales e importantes para mí, que tuve que determinar si eran o no auténticas. Estaba seguro de que lo eran, pues podía sentir la presencia del arcángel en cada ocasión.

Por consiguiente, empecé a hacerle preguntas a Miguel acerca de temas que no conocía en lo absoluto, con la intención de verificarlas después. Miguel encontró divertido esto, y preguntó por qué necesitaba confirmación.

"Con seguridad el hecho de que tengamos una conversación es suficiente", me dijo.

Me vi forzado a coincidir con su afirmación y no seguí hablando del asunto. Sin embargo, la mañana siguiente, encontré una pequeña pluma blanca junto a mi cama.

De este modo, aunque creo que las conversaciones son reales, no puedo probarlo. En realidad eso no importa, pues encuentro que son una forma útil y muy agradable de discernir sobre problemas y dificultades que habrían sido difíciles de resolver de otro modo.

Hay cuatro pasos para disfrutar una conversación con Miguel:

1. Reserve al menos treinta minutos en los que no sea interrumpido. Yo hablo con él mientras estoy acostado en la cama por la noche. No obstante, usted puede hacerlo en el momento que quiera. Acomódese bien y asegúrese de que la habitación esté cálida.

2. Cierre los ojos y tome varias respiraciones lentas y profundas. Visualice una escena agradable, real o imaginaria. Yo cambio las escenas con frecuencia, pero por lo general escojo una bella pradera con un arroyo. En mi imaginación, camino a través de ella y me acuesto debajo de un árbol a la orilla del riachuelo.

3. Relájese en su escena y visualice a Miguel uniéndose a usted; se saludan como los dos viejos amigos que son, él se sienta a su lado y le pregunta cómo está, y usted comenta todo lo que hay en su mente. Miguel escucha comprensivamente, asintiendo con la cabeza o sonriendo por momentos. Cuando finalice, el arcángel podría hacer una o dos preguntas antes de decir algunas sugerencias. Puede seguir conversando hasta que él le haya dado soluciones o consejos para todos sus problemas.

4. Cuando termine, estrecha la mano de Miguel y le agradece su ayuda y amistad. Véalo marcharse y luego salga de su escena imaginaria y regrese al presente. Tome algunas respiraciones profundas y abra los ojos.

Descubrirá que este ejercicio es satisfactorio y estimulante; le permitirá desarrollar una relación muy cercana con Miguel. En realidad, es una conversación seria entre dos amigos. En el transcurso de la misma, la personalidad y el sentido del humor del arcángel serán evidentes, y usted sonreirá cuando recuerde algunas de las cosas que él dijo e hizo durante estas sesiones; y lo más importante, naturalmente, descubrirá que la ayuda y los consejos que recibe son invaluables.

No hay razón para que no hable con Miguel diariamente, si desea hacerlo. Yo podría hablarle todos los días durante una o dos semanas, y luego no tener otra conversación en un mes; todo depende de lo que está ocurriendo en mi vida.

Hay varios métodos tradicionales que pueden ser usados para contactar ángeles y arcángeles; uno que encuentro útil es el fino arte de encender velas.

Cinco

EL PODER MÁGICO
DE LAS VELAS

ENCENDER velas es un arte antiguo que ha pasado la prueba del tiempo. Las velas lucen atractivas, enfocan la mente y ayudan en la concentración.

Las velas son románticas, acogedoras, coloridas y reconfortantes. No es extraño que todavía sean populares, aun cuando la mayoría de personas hoy día simplemente tocan un interruptor para obtener luz. Otro beneficio es que le indican a los ángeles que estamos listos para trabajar con ellos.

Una vela encendida transmite un mensaje inmediato a Miguel, Rafael, Gabriel y Uriel. Una vela apagada representa al elemento tierra, pero al prenderse simboliza a todos los elementos: fuego (Miguel), tierra (Uriel), aire (Rafael) y agua (Gabriel). La llama se asocia obviamente con el elemento fuego, el humo se relaciona con el aire, y la cera derritiéndose simboliza agua; la vela en sí representa tierra.

Por consiguiente, los arcángeles también se relacionan con las cuatro triplicidades de la astrología:

Aries, Leo y Sagitario son signos de *fuego* (Miguel)

Tauro, Virgo y Capricornio son signos de *tierra* (Uriel)

Géminis, Libra y Acuario son signos de *aire* (Rafael)

Cáncer, Escorpión y Piscis son signos de *agua* (Gabriel)

Las cuatro triplicidades y los cuatro elementos están estrechamente asociados con los querubines en la visión de Ezequiel (Ezequiel 1:4-28), quien observó cuatro seres vivientes, cada uno con cuatro caras: la de un hombre, un león, un buey y un águila. Esto puede ser visto de la siguiente forma:

La cara de un hombre se relaciona con Acuario y aire

La cara de un león se relaciona con Leo y fuego

La cara de un buey (toro) se relaciona con Tauro y tierra

La cara de un águila se relaciona con Escorpión y agua

Como ya sabemos, los cuatro arcángeles también cuidan de las cuatro direcciones cardinales. Combinando todo esto, y adicionando los colores tradicionales para cada signo del zodiaco, tenemos lo siguiente:

Aries—fuego, Sur, Miguel, rojo, carmesí

Tauro—tierra, Norte, Uriel, verde

Géminis—aire, Este, Rafael, amarillo, café

Cáncer—agua, Oeste, Gabriel, plateado, blanco

Leo—fuego, Sur, Miguel, dorado, amarillo

Virgo—tierra, Norte, Uriel, café

Libra—aire, Este, Rafael, azul, verde

Escorpión—agua, Oeste, Gabriel, rojo subido

Sagitario—fuego, Sur, Miguel, morado

Capricornio—tierra, Norte, Uriel, negro

Acuario—aire, Este, Rafael, azul, gris

Piscis—agua, Oeste, Gabriel, violeta, azul

Miguel es tradicionalmente asociado con Leo y el color dorado. Por consiguiente, una vela dorada puede ser usada para simbolizarlo; podemos prenderla en el altar cuando queramos. En realidad, no estamos limitados a nuestro altar, pues se pueden encender velas doradas en cualquier parte.

Usted puede escoger una vela relacionada con su signo zodiacal para simbolizarse. Por ejemplo, si es acuariano, sería representado por una vela azul o gris. De este modo, podría crear un ritual en su altar que incluyera una vela dorada (Miguel) y una azul (usted).

También podría aumentar esto, si lo desea, incluyendo una vela que se relacione con su petición específica. La siguiente es una lista de colores de velas con los atributos que poseen:

Rojo—valor, fuerza, entusiasmo, amor, sexo

Naranja—honestidad, integridad, atracción, adaptabilidad

Amarillo—fuerza, comunicación, amistad

Verde—curación, fertilidad, verdad, suerte, felicidad

Azul—honestidad, sinceridad, espiritualidad, consideración

Índigo—piedad, fe, verdad, humanitarismo

Violeta—espiritualidad, poder, ambición, curación

Blanco—pureza, honestidad, inocencia, verdad

Rosado—amor, matrimonio, romance, belleza, esperanza

Gris—sabiduría, madurez, sentido común

Café—espíritu práctico, pies sobre la tierra, progreso estable

Si su ritual involucra protección, por ejemplo, podría usar una vela roja o amarilla; si el ritual incluye verdad e integridad, probablemente escogería el color naranja, verde, azul, índigo o blanco.

No hay límite para el número de velas que puede utilizar. Sin embargo, es mejor usar pocas, y una sola vela se puede emplear para cualquier propósito. Con frecuencia utilizo una, dos o tres velas en mis rituales, pero rara vez incluyo más. Hace muchos años vi una película llamada *Carrie*, en la cual fue usado un número ridículo de velas. No se obtienen beneficios adicionales empleando docenas de ellas, y sí crean un riesgo de incendio.

Ungir las velas

Las velas deben ser ungidas antes de usarse en cualquier ritual. Varios aceites pueden conseguirse para propósitos específicos. Sin embargo, no hay necesidad de buscar aceites exóticos o desconocidos. En la práctica, he descubierto que el aceite de oliva de la mejor calidad funciona sumamente bien para todos los propósitos.

Empiece untando aceite en sus manos y luego frótelas juntas. Coja la vela en el medio y comience a frotar aceite desde el centro hacia la mecha; hágalo sólo en dirección ascendente. Una vez que haya ungido la parte superior de la vela, siga con la mitad inferior, frotando del centro hacia la base.

Piense en su razón para hacer esto mientras unge la vela, para así plasmar su propósito en ella.

Envolver la vela

Esta es la última etapa de preparación. Coja la vela y piense en cómo va a usarla. Envuelva una cinta delgada alrededor de ella, comenzando en la base y cubriéndola en toda su longitud. Esto ata su propósito en la vela. Cuando haya preparado todas las velas que piensa utilizar, podrá empezar a desarrollar su ritual.

Ritual de petición a Miguel

Este es un ritual de ejemplo que usted puede modificar para que se ajuste a sus propias necesidades. Supongamos que es un Géminis, ha hecho algo de lo que está avergonzado, y quiere tratar el asunto con Miguel.

Podría empezar ungiendo y envolviendo tres velas: una dorada para el arcángel, una amarilla para usted, y una azul para representar la honestidad.

Póngalas sobre el altar. La dorada debe quedar en el centro, con la amarilla en el lado izquierdo y la azul a la derecha. Encienda primero la vela dorada, seguida por la amarilla y luego la azul.

Arrodíllese o siéntese frente a su altar y mire fijamente
las velas prendidas. Después de uno o dos minutos, pídale a
Miguel que se una a usted. Podría decir en voz alta: "arcángel Miguel, por favor ven a ayudarme; me equivoqué y necesito tu apoyo; ayúdame a decidir qué debo hacer".
Continúe mirando fijamente las velas, enfocándose en la
llama de la vela dorada. Espere expectante; de un momento
a otro algo le hará darse cuenta de que Miguel está a su
lado. Las velas podrían vacilar, tal vez la temperatura de la
habitación se altere, o es probable que simplemente sienta
que él está con usted.

Cuando sepa que el arcángel ha llegado, puede empezar a
hablarle. Dígale exactamente lo que sucedió. No hay necesidad
de usar un lenguaje anticuado o ceremonioso; háblele como si
fuera un viejo amigo. En el ejemplo podría decir: "arcángel
Miguel, hice algo muy tonto y ahora no sé qué hacer. Estaba
en la cafetería y algunos de nosotros empezamos a hablar de
Sonia. Nos reímos y dijimos cosas crueles acerca de ella; todos
comentamos cosas que no debimos expresar, y luego alguien
le contó esto a Sonia. Me siento mal, sé que debo disculparme,
pero podría empeorar todo. Qué tal que ella esté enojada o se
niegue a hablarme. ¿Qué debería hacer?"

Cuando termine de explicar la situación, siéntese tranquilamente y espere la respuesta de Miguel. Podría oír palabras en
su mente, o experimentar un repentino conocimiento de lo
que debe hacer. A menudo, no recibirá una respuesta inmediata; en estos casos, llegará cuando el arcángel esté preparado
para responder.

Sin importar lo que suceda en esta etapa, finalice el ritual agradeciéndole a Miguel por su ayuda y consuelo. Podría decir: "gracias, Miguel; agradezco que me escuches. Sé que me comporté mal, pero quiero enmendar las cosas y en el futuro trataré de actuar en una forma que te sientas orgulloso de mí. Gracias, Miguel; adiós". Haga una pausa de medio minuto y luego apague las velas, dejando de última la que simboliza al arcángel.

Naturalmente, tendrá que seguir el consejo que Miguel le dé. En este ejemplo, es probable que él le sugiera disculparse con Sonia. Tenga la seguridad de que el consejo que el arcángel le da, siempre será la mejor acción para todos los involucrados en la situación. Él no le hará fácil la existencia, pero asegurará que lleve una vida llena de integridad y honor.

Este ritual fue desarrollado con tres velas, una para Miguel, una para usted, y otra para el propósito del mismo. También podría hacerlo con dos velas, una para usted y otra para el arcángel, o usar una sola que simbolice a Miguel. Guíese por lo que sienta conveniente en el momento.

Una carta para Miguel

Otra forma en que pueden ser usadas las velas para contactar a Miguel involucra escribir una carta para él. Nadie verá esta carta, así que puede escribir lo que quiera. Asegúrese de incluir detalles suficientes y explicar claramente lo que desea del arcángel. Cuando termine de escribirla, séllela en un sobre.

De nuevo, puede usar la cantidad de velas que quiera. Siéntese frente a su altar y mire la(s) vela(s) fijamente. Tome la carta con ambas manos y piense en su propósito al escribirla. Cuando se sienta listo, quémela en la vela que simboliza a Miguel; piense en su petición mientras la carta arde. Una vez que ésta desaparezca totalmente, agradézcale al arcángel por ayudarlo y apague las velas, dejando de última la que representa a Miguel. Siga con su vida, seguro de que él se ocupará del asunto en nombre suyo.

También puede quemar una carta si quiere expresar un mensaje a alguien pero no se siente capaz de hablarle. Escriba la carta a esta persona, séllela en un sobre y diríjala.

Encienda una sola vela para simbolizar a Miguel. Pídale que entregue la carta al ángel guardián de la persona. Si siente una respuesta positiva de Miguel, quémela, seguro de que él enviará el mensaje al ángel guardián de la persona que a su vez lo transmitirá por usted.

Sin embargo, habrá ocasiones en que Miguel no está preparado para condescender a esta petición. En tales casos, él le está enseñando a ser valiente; deberá poner la carta en el correo o contactar a la persona de algún otro modo.

Naturalmente, en tal caso el ritual cambia enormemente. Cuando esto ocurra, pídale a Miguel el valor y la fuerza que necesita para hacer lo que él sugiere. Puede ser difícil, pero después agradecerá que el arcángel lo haya forzado a actuar de manera ética y honorable.

Encender velas para protección

El ataque psíquico es un fenómeno bastante raro, afortunadamente, pero puede ocurrir. Rodearse con un círculo de velas encendidas es un antídoto eficaz, pues las velas simbolizan luz y detienen la magia negra que está siendo dirigida a la persona.

Es más probable prender velas para otros propósitos de protección. Necesitará cierto espacio, ya que estará sentado dentro de un círculo de al menos cuatro velas. Escójalas blancas para esto, aunque también puede incluir una dorada para Miguel. Si usa una vela dorada, debe ser puesta en la parte más al Sur del círculo.

Prenda las velas que quiera para hacer el círculo, pero asegúrese de tener tres blancas apagadas en el centro del mismo. Párese dentro del círculo y mire hacia el Este. Con voz fuerte pídale protección a Rafael; podría decir: "arcángel Rafael, necesito tu ayuda". Voltee al Sur y pídale ayuda y protección a Miguel, luego al Oeste y pídale protección a Gabriel, y finalmente diríjase al Norte y pídale lo mismo a Uriel. Visualice estos cuatro arcángeles, con alas desplegadas, rodeando el círculo de velas, listos para ayudarlo y protegerlo.

Voltee al Sur para que se dirija a Miguel. Tome una de las velas apagadas y enciéndala, sosteniéndola frente a usted a la altura del pecho. Diga: "Miguel, ángel de luz y protector de la humanidad. Protégeme de la oscuridad y mantenme en la luz. Esta pequeña vela es un símbolo de tu energía. Con tu ayuda, no temeré al mal y andaré en la luz siempre".

Siéntese dentro del círculo mirando hacia el Sur y coloque la vela encendida en un candelero. Aún sentado, prenda una segunda vela para duplicar simbólicamente la protección; encienda la tercera vela para triplicarla. Ponga éstas en candeleros. Extienda las manos en un gesto de súplica, y agradézcale a Miguel su ayuda y protección.

Quédese sentado en el círculo de velas todo el tiempo que quiera. Cuando se sienta listo, párese, haga una reverencia a Rafael en el Este y al mismo tiempo agradézcale su protección. Repita esto con Miguel, Gabriel y Uriel. Apague todas las velas, comenzando en el Este y moviéndose en el sentido de las manecillas del reloj.

Proteger a otras personas

Con la ayuda del arcángel Miguel, podemos usar el increíble poder de las velas para enviar protección a otras personas. Coloque una vela blanca o dorada sobre su altar; enciéndala y mire fijamente la llama unos segundos, antes de sentarse en frente de ella.

Piense en la persona o personas a las que desea enviar la protección de Miguel. Vea si puede sobreponer mentalmente sus imágenes sobre la llama. Acuda a Miguel; podría decir: "arcángel Miguel, mi protector y guía, por favor ven a mí". Espere hasta que sienta su presencia. "Arcángel Miguel, gracias por responder a mi llamado; necesito tu ayuda. Mi amigo (diga su nombre) necesita mucha protección; ¿lo ayudarías?"

Espere una respuesta y luego agradézcale sinceramente. Visualice a su amigo rodeado por una luz blanca de protección. Deje que el círculo de luz se extienda gradualmente hasta que ambos estén dentro de él. Agradézcale a Miguel otra vez. Apague la vela y continúe con su día.

Ritual para perdonar a otras personas

Dudo que alguien haya podido llevar una vida sin ser herido por otros. Con frecuencia, el dolor proviene de las personas que más amamos. Estos desaires suelen ser involuntarios, pero las personas no se liberan de ellos y los intensifican en sus propias mentes; les aparece un nudo en el estómago cada vez que reviven el momento del incidente doloroso, y no duermen pensando en la respuesta que debieron haber manifestado. Mucho tiempo después de que la persona que causó la herida ha olvidado el incidente, el afectado puede seguir sufriendo por ello semanas, meses o incluso años después.

Naturalmente, lo razonable es perdonar a la persona que causó el desaire y luego olvidar todo, pero esto no es tan fácil de hacer; sin embargo, es esencial. El sufrimiento emocional continuará hasta que uno decida dejarlo atrás. Por fortuna, Miguel puede ayudarnos a lograrlo.

Necesitará una vela blanca y algunos implementos para escribir. Cuando crea que está preparado para perdonar a la persona que le hizo daño, ponga una vela blanca en el centro del altar. Frente a ella coloque el lapicero y el papel. Encienda la vela y siéntese en frente del altar; mire fijamente la llama y piense en la persona que lo hirió.

Tenga en cuenta que todos hacemos lo que más podemos en un momento dado. Lo que la otra persona le hizo es inaceptable; sin embargo, sucedió. Aunque está perdonándola, no le da permiso para que la conducta sea repetida en el futuro. Piense en lo que en realidad le hicieron; esto es lo que necesita ser perdonado. Naturalmente, sufrió como consecuencia de ello, pero los sentimientos fueron creados por usted; el incidente es el que debe ser perdonado.

No hay caso en preguntar por qué la persona actuó de esa forma; incluso si usted lo supiera, no diminuiría el dolor. De todos modos, generalmente quien lo hirió no sabrá por qué lo hizo.

Reconozca su parte en el incidente. ¿Deliberada o inadvertidamente hizo que el incidente ocurriera? ¿Se quedó, cuando habría sido mejor alejarse? ¿Ocultó su dolor y le dijo a la otra persona que todo estaba bien, cuando obviamente no era así? Si esta no era la primera vez que dicha persona lo había lastimado, ¿por qué no se había alejado hace tiempo? Tal vez tenía beneficios al quedarse. Aceptar cualquier responsabilidad en el asunto le ayuda a dejar de ser la víctima.

Es tiempo de escribirle una carta a la persona que le hizo daño. Ella nunca la verá, así que puede escribir lo que quiera. Recuerde algunos de los buenos momentos que disfrutaron juntos, si los hubo. Escriba algunas de las cosas dañinas que ocurrieron y exprese cómo lo hicieron sentir. Háblele de su ira, rabia e impotencia. Exprese su perdón por todo el daño que esta persona le hizo. Ponga por escrito cualquier otra cosa que parezca relevante o importante. Dígale que la ha perdonado y está dispuesto a olvidar el(los) incidente(s). Lo que fue hecho ya pasó, y ahora pertenece sólo al pasado. Debe dejar atrás el asunto sin recordarlo con ira. Adicione lo que quiera; al final escriba: "lo perdono incondicionalmente", y firme.

Lea la carta un par de veces y modifíquela si quiere. Cuando esté seguro de que está completa, y ha incluido todo lo que desea mencionar, métala en un sobre y escriba el nombre del destinatario. Ponga el sobre en el altar frente a la vela.

Pídale a Miguel que le dé ayuda y protección que requiere mientras se alista para quemar el sobre. Espere hasta que sienta su presencia, y luego prenda el sobre mientras perdona a la persona que lo lastimó. Si es posible, exprese su perdón en voz alta. Imagine a la persona beneficiándose del ritual y dejando atrás su conducta inaceptable.

Tenga cuidado al quemar el sobre; podría usar tenazas para sostenerlo mientras arde. Como alternativa, una vez que esté prendido, puede ponerlo en un recipiente que contenga las llamas.

Cuando la carta se queme por completo, agradézcale a Miguel por la ayuda que le dio en cada área de su vida. Apague la vela blanca y continúe con su día. Notará cambios inmediatos; sin la carga de la amargura y el dolor, se sentirá más feliz y lleno de energía.

Es probable que deba repetir este ritual varias veces si el perdón se relaciona con la pareja o un pariente. Generalmente, perdonar el incidente, y enviar ese perdón al universo, es todo lo que se requiere. Sin embargo, si el problema tiene que ver con abuso durante un largo tiempo, tal vez deba repetir este ritual regularmente para lograr los resultados deseados. En sus momentos de tranquilidad con Miguel, pídale consejos en cuanto a qué tan a menudo debería repetir el ritual.

Todo lo que hacemos tiene un efecto, bueno o malo. Perdonar a otros nos beneficia y disminuye los efectos kármicos ganados por la persona que nos hizo daño. Miguel puede ayudarnos a lidiar con nuestro propio karma. Este es el tema del capítulo siguiente.

Seis

KARMA

KARMA es la ley de causa y efecto; significa que todo lo que pensamos o hacemos, bueno o malo, tiene un efecto posterior. Un acto bueno hecho hoy, hará que ocurra algo agradable en el futuro, y un acto malo generará una experiencia negativa. Lo que nos suceda más adelante es causado por nuestras acciones en el pasado. La ley es completamente imparcial.

Para complicar las cosas, también existe el karma que hemos traído a esta vida de encarnaciones anteriores. Por eso la vida a veces parece injusta, pues la mayoría de gente no tiene recuerdos conscientes de sus vidas pasadas. Esto también explica por qué en ocasiones le suceden cosas malas a personas buenas.

El karma es en realidad un proceso de aprendizaje. No está destinado a ser una clase de venganza "ojo por ojo, diente por diente"; asegura justicia final y absoluta para todos. Comprendiendo que estamos creando todas las cosas malas que ocurren en nuestra vida, podemos hacer algo al respecto. Miguel está preparado para ayudarnos a ver los patrones de comportamiento y a darnos cuenta de lo que estamos haciendo.

Diariamente, todo lo que hacemos y pensamos, está creando karma bueno o malo. Por consiguiente, podríamos creer que la situación es insuperable y rendirnos en seguida. Sin embargo, esto no resuelve nada, pues antes de encarnar en la existencia actual escogimos ser la persona que somos. Si no hubiéramos tomado esa decisión, no estaríamos aquí ahora. Naturalmente, no podemos recordar dicha decisión porque estamos encerrados en un cuerpo físico con cerebro humano. Estamos en esta encarnación para aprender y crecer en conocimiento y sabiduría. Parte de eso es pedirle a Miguel que nos ayude a solucionar asuntos kármicos.

Todos los arcángeles pueden ayudarnos a resolver problemas kármicos. Sin embargo, Miguel tiene más control al respecto que los otros, y es conocido como el "Guardián del karma". Puede ayudarnos a aclarar nuestras deudas kármicas, permitiéndonos ver lo que son y qué las creó. Si reconocemos los factores involucrados, podemos evitar situaciones similares en el futuro. Miguel también nos da el valor necesario para hacer las cosas que debemos realizar para interrumpir el ciclo.

Imagine despertarse una mañana en que se sienta totalmente en control, en paz consigo mismo y con todos los demás en el mundo, y completamente libre de estrés, ansiedad y miedo. Esto puede parecer un sueño imposible, pero una vez que enfrente su karma y lo resuelva, esta es la clase vida que podrá disfrutar. Miguel está listo y dispuesto a ayudarlo a lograr dicho sueño. Usted puede realizarlo con una serie de meditaciones.

Meditación para liberar karma

Escoja una hora en que no sea interrumpido. No es buena idea que haga esta meditación en la cama o cuando se sienta cansado, pues es probable que se quede dormido, en lugar de liberar karma. Si es posible, tome un baño o ducha y póngase ropa cómoda. Siéntese en una silla reclinable, o acuéstese en el piso frente a su altar.

Si lo desea, encienda velas y escuche música relajante. Si las prende, asegúrese de que estén en candeleros seguros.

Me gusta empezar mirando hacia las cuatro direcciones e invitando a Gabriel, Miguel, Rafael y Uriel para que se unan a mí. Cuando siento que están presentes, me acuesto en el suelo y comienzo la meditación. No es necesario iniciar de esta forma, pero encuentro que es satisfactorio y asegura que tenga los arcángeles a mi lado desde el comienzo.

Una vez que se acueste, concéntrese en su respiración uno o dos minutos. Tome respiraciones lentas y profundas, sosteniendo cada una por unos momentos antes de exhalar. Sienta cómo todo su cuerpo se relaja con cada exhalación. Tome todo el tiempo que necesite en esta primera etapa; debe estar totalmente relajado para seguir adelante.

Cuando se sienta relajado por completo, visualícese rodeado por un poderoso rayo de luz blanca curativa que llena totalmente la habitación o área en que usted se encuentra.

Deje que esta luz blanca se expanda gradualmente hasta llenar la edificación en que está, luego siéntala aumentar hasta llenar su ciudad, su país y finalmente el mundo entero. Con cada exhalación imagine que está enviando energía curativa a todo el mundo.

Ahora es el momento de acudir a Miguel. Si inició esta meditación llamando a los cuatro arcángeles, él ya estará en la habitación, y usted podrá sentir su presencia. Si todavía no lo ha llamado, pídale que se haga presente. Siga acostado tranquilo, respirando lenta y regularmente, hasta que perciba que el arcángel está a su lado.

Agradézcale a Miguel su dirección y protección, y luego dígale que quiere resolver algunos de los factores kármicos que lo han estado deteniendo e impidiendo que siga adelante en esta encarnación. Pídale que le muestre ejemplos específicos de esta vida y encarnaciones anteriores.

Continúe relajándose cómodamente y vea lo que sucede. Pueden aparecer en su mente imágenes de su pasado; tal vez sienta presión en el pecho o deseos de llorar.

Trate de no hacer ni decir nada. Quédese acostado tranquilamente y deje revelar todo lo que Miguel puede mostrar. No juzgue en lo absoluto lo que observe. No debe alarmarse si hizo algo terrible en una vida pasada. Quien lo hizo fue una personalidad diferente, y aunque es la misma alma, usted no es la persona que era en sus encarnaciones anteriores.

Absorba la información que llega. Cuando se acabe, agradézcale a Miguel por transmitírsela. Pregúntele qué puede hacer para liberarse de los obstáculos kármicos que están afectando su vida actual. Es probable que reciba una respuesta inmediata. Podría aparecer algo en su mente para aclarar la situación, y cuando termine la meditación, sabrá exactamente qué pasos dar para empezar a liberar karma negativo. Es más posible que la respuesta le llegue uno o dos días después, tal vez cuando esté haciendo algo totalmente distinto y menos lo espere.

Una vez que llegue a esta etapa de la meditación, agradézcale a Miguel nuevamente. Sea consciente de en dónde se encuentra y empiece a sentir la presencia de Rafael, Gabriel y Uriel; agradézcales también su cuidado y apoyo.

Tome tres respiraciones profundas, exhalando fuertemente, pero de manera espasmódica, liberando una pequeña cantidad de aliento cada vez. Mientras hace esto, visualice su respiración como una energía curativa que está saliendo al mundo para ayudar a otros.

Cuando se sienta listo, abra lentamente los ojos, estírese y sonría. Piense en la meditación, y en lo que experimentó, unos minutos antes de continuar con su día.

¿Qué pasa si Miguel no le da ejemplos de factores creadores de karma? Esto no significa que no tiene karma por pagar; nadie es perfecto, y puede estar seguro de que usted, al igual que todos los demás en el mundo, ha acumulado mucho karma. Podría haber varias razones por las que el arcángel no se los muestre; por ejemplo, tal vez no está bien relajado. Miguel puede pensar que no está tomando el asunto con suficiente seriedad, y creer que el karma que ha acumulado sería demasiado estresante para que lo maneje en este momento.

La espada de Miguel

Muchas personas prefieren usar el símbolo y la imagen de la espada de Miguel cuando van a liberar karma. Es útil pedirle al arcángel que corte las cuerdas psíquicas que nos unen a las personas, situaciones, objetos y negatividad. Debemos hacer esto regularmente, antes de que las cosas estén fuera de control. También podemos pedirle a Miguel que libere los factores kármicos entre grupos de gente, incluso en países enteros. Quizás usted no cree que pueda hacer mucho solo, pero cada aporte ayuda, y si suficientes personas empiezan a hacerlo, se pueden lograr grandes cambios.

Hay un proceso de tres pasos que encuentro muy útil para liberar karma personal.

1. Acomódese, cierre los ojos y tome varias respiraciones lentas y profundas. Gradualmente, relaje todos los músculos de su cuerpo, comenzando en los pies y avanzando hacia arriba, o desde la coronilla hacia abajo. Cuando se sienta relajado por completo, examine mentalmente su cuerpo para ver si aún hay áreas tensas; enfóquese en éstas hasta que también se relajen plenamente.

2. Visualícese como si estuviera en el aire a varios pies del suelo, mirando su cuerpo relajado. Cuando lo vea claramente en su mente, visualice su cuerpo físico convirtiéndose en una gran bola redonda de cuerdas. Hay muchas hebras saliendo de esta bola en varias direcciones; todas ellas son ataduras a experiencias kármicas. Imagínese dentro de la bola, y vea que

Miguel aparece frente a usted. Él es alto, fuerte y está vestido con cota de malla, manejando una espada azul grande y resplandeciente con la mano derecha, y cargando un escudo en la izquierda. Mientras usted observa, él corta todas las hebras de guita hasta que la bola queda redonda y perfecta otra vez. Agradézcale por liberar su karma.

3. El paso final es tomar tres respiraciones lentas y profundas, y luego contar de uno a cinco. Abra los ojos, estírese y piense en lo que acaba de suceder. Repita este ejercicio las veces que quiera, hasta que sienta que el karma ya no está afectándolo adversamente en su vida.

No toda persona quiere imaginarse como una bola grande encordada. Si este es su caso, relájese y véase acostado en el piso con hebras diminutas de karma saliendo en todas las direcciones. Luego visualice a Miguel parado a su derecha con la espada en lo alto; véalo cortar todas las hebras finas de karma cerca de su cuerpo. Una vez que él haga esto, se sentirá más libre.

No es probable que experimente una liberación instantánea de karma después de desarrollar estos ejercicios. Sin embargo, son un comienzo, y de inmediato observará un mejoramiento gradual en su vida.

Luego debe trabajar en sí mismo, dejando atrás heridas pasadas, amarguras, remordimientos, decepciones, y otras penas. Cuando la mente subconsciente está llena de experiencias y pensamientos negativos, se hace muy difícil progresar.

Eliminar los aspectos negativos de su pasado le permitirá avanzar de nuevo, además de liberar mucho karma. La mayoría de personas se aferran a estas experiencias negativas, reviviendo interminablemente momentos difíciles de sus vidas, aunque saben que es mucho mejor y saludable dejarlos atrás y seguir adelante.

Hay un experimento con Miguel que le permitirá ver la vida que disfrutará cuando deje atrás el pasado; lo encontrará emocionante y edificante. Una vez que libere toda la carga que lo ha estado deteniendo, podrá seguir adelante más seguro de sí mismo que antes; milagrosamente aparecerán nuevas oportunidades, y cada área de su vida mejorará.

Meditación en el futuro

1. Empiece haciendo el ritual de invocación del capítulo dos. Cuando llegue al momento en que le pide ayuda a Miguel, siéntese, cierre los ojos y pídale que lo ayude a ver cómo será su vida cuando elimine toda la carga que no lo deja avanzar.

2. Concéntrese en la respiración y observe qué imágenes aparecen en su mente. Debido a que todos somos diferentes, es imposible decir cómo las experimentará. Tal vez las vea claramente, como si estuvieran en una pantalla de televisión; también podría sentirlas, oírlas o desarrollar gradualmente un conocimiento de su futuro.

3. Descubrirá que su mente pasará de escena a escena. Pase el tiempo que quiera con cada una de ellas. Cuando esté listo para proceder con la siguiente, tome una respiración profunda y exhale lentamente. De inmediato se encontrará pasando a otra situación o experiencia en su vida futura.

4. Cuando haya experimentado suficiente, agradézcale a Miguel por darle la oportunidad de ver la nueva dirección que su vida podría tomar, y retorne al presente, sentado cómodamente en su habitación, rodeado por los cuatro arcángeles. Perciba la situación en la habitación y, cuando esté listo, abra los ojos.

5. Párese y termine el ritual de invocación dando gracias y haciendo el pentagrama de destierro.

6. Escriba todo lo que pueda recordar de la experiencia lo más pronto posible después de este ejercicio. Piense en lo que ha ocurrido y los discernimientos que surjan. Si tiene dudas de que este futuro será mejor que el que de otra manera habría tenido, desarrolle el ejercicio nuevamente, pero esta vez pídale a Miguel que le muestre el futuro que tendrá si continúa el camino en el que se encuentra. De todos modos es bueno hacer esto; conozco a varias personas que se han motivado lo suficiente por los futuros distintos, como para cambiar totalmente sus vidas.

7. Repita este ejercicio varias veces durante las semanas siguientes para aclarar todo en su mente. Escriba lo que se le ocurra acerca de la experiencia lo más pronto posible.

Cuando descubra qué tan diferente será su vida una vez que haya eliminado el karma negativo del pasado, estará animado a trabajar en ella. Hay muchas formas de eliminar esta negatividad, pero he encontrado tres métodos especialmente útiles. Si lo desea, puede acudir a Miguel para que lo ayude en estos ejercicios; sin embargo, no es necesario, a menos que quiera su protección mientras los hace. En ese caso, trabaje dentro de un círculo y haga el ritual de invocación antes de empezar a liberar su karma.

El método más simple es pararse frente a un espejo, mirarse a los ojos y perdonarse a sí mismo. Hable en voz alta; reconozca sus errores pasados y dígase a sí mismo que de ahora en adelante se esforzará por ser una mejor persona. Hable seria y expresivamente. Cuando haya dicho todo lo que quiere revelar, pídase dejar atrás toda la carga acumulada, para así poder seguir adelante nuevamente. Cuando termine, sonría, tome tres respiraciones profundas y continúe con su día.

Experimentará una sensación inmediata de alivio y liberación. Repita este ejercicio todos los días hasta que esté seguro de haber tenido éxito.

Una forma más dramática de liberarse del pasado es mediante el baile. Use ropa floja y asegúrese de que no será interrumpido al menos en treinta minutos. Escoja música que le agrade. Es mejor no escuchar música con letra conocida, pues puede generar distracción; no debe terminar cantando las canciones, olvidando el propósito del ejercicio.

Baile varios minutos primero. Disfrute el placer físico de mover el cuerpo en armonía con la música. Cuando se sienta listo, continúe bailando, pero empiece a dar palmadas al compás de la música. El paso final es crear algunas palabras que pueda cantar junto con la melodía; sería ideal algo como "dejo atrás el pasado", repetido una y otra vez como un mantra. Haga esto varios minutos mientras baila lo más vigorosamente posible. Cuando esté agotado, deténgase, extienda las palmas hacia arriba y diga: "libero toda la carga de mi pasado". Tome una respiración profunda, sosténgala unos segundos, y exhale lentamente. Cuando esté listo, continúe con su día. Al igual que en el ejercicio anterior, haga este las veces que pueda hasta que se sienta libre del karma que no lo ha dejado avanzar.

El último ejercicio es más suave que el anterior porque es una meditación. Siéntese o acuéstese en un lugar cálido y cómodo, y conscientemente relaje todos los músculos de su cuerpo. Cuando se sienta totalmente relajado, deje fluir la mente pensando en lo que ha ocurrido en su vida en los últimos meses. Cuando se tope con algo que lo hizo sentir mal, dígase a sí mismo "libero eso".

Cuando haya cubierto los últimos meses, empiece a pensar en los doce meses anteriores y deshágase de lo que está reteniéndolo. Siga retrocediendo año por año hasta donde sea posible. Cuando se acerque a su infancia, probablemente necesitará períodos de cinco años.

Una vez que retroceda todo lo posible, diga "libero todo el karma de mis vidas pasadas". Regrese gradualmente al presente, año por año. Dure todo el tiempo que quiera en los recuerdos agradables, y libere los recuerdos negativos que encuentre. Cuando haya llegado al tiempo presente, tome tres respiraciones profundas, estírese y continúe con su día. Haga esto las veces que sea posible hasta que libere toda la carga kármica.

En el siguiente capítulo veremos cómo los cristales pueden ayudarnos a acercarnos más a Miguel.

CRISTALES

LOS cristales, joyas y piedras preciosas han sido considerados sagrados para casi todo el tiempo en que el hombre ha estado en este planeta. Juegan un papel en la historia
de las grandes religiones. Los antiguos egipcios, por ejemplo,
usaban cristales para propósitos medicinales y espirituales.

Los cristales y piedras son mencionados muchas veces en
la Biblia, mostrando cuán conocedores y expertos eran los
antiguos en su uso. El ejemplo más famoso de esto es el pec-
toral usado por Aarón, el sumo sacerdote de Israel (Éxodo
28:15-30). En el libro de la Revelación, San Juan describió su
visión de una "nueva Jerusalén" (Revelación 21:9-21). En los
versículos 19 y 20 escribió: "Y los cimientos del muro de la
ciudad estaban adornados con toda piedra preciosa. El primer cimiento era jaspe; el segundo, zafiro; el tercero, ágata; el
cuarto, esmeralda; el quinto, sardónice; el sexto, cornalina; el

séptimo, crisólito; el octavo, berilo; el noveno, tapacio; el décimo, crisoprasa; el undécimo, jacinto; el duodécimo, amatista".

Para mí, la parte interesante de las palabras de San Juan es que cada piedra representa un aspecto de la vida; no se sabe cuáles fueron, pero después muchos asociaron diferentes cualidades con ellas. En el año 786 d. de C., Rabanus Maurus, arzobispo de Mainz, relacionó cada gema con uno de los doce apóstoles.[1] Con el tiempo, las piedras fueron asociadas con diferentes meses del año. De hecho, incluso hoy día, en muchas iglesias la vasija que contiene la hostia sagrada que simboliza a Jesús, a menudo está rodeada por doce gemas.

El concilio de Laodicea se opuso a la utilización de piedras. Sin embargo, el papa todavía presenta a los nuevos cardenales con un capelo rojo y un anillo de zafiro; el sumo pontífice usa una amatista.

Hay una interesante leyenda judía que cuenta cómo las lágrimas de Miguel se convirtieron en piedras preciosas. Dios envió a Miguel para informarle a Abraham que su vida estaba por acabarse. Éste se encontró a un desconocido y lo invitó a su casa; no tenía idea de que el extraño era un ángel, mucho menos que se trataba del arcángel Miguel. Mientras los sirvientes preparaban una comida, Abraham le pidió a Isaac, su hijo, que le trajera un tazón de agua para lavar los pies del desconocido. Luego miró el recipiente y dijo "me temo que esta es la última vez que lavo los pies de un invitado". Cuando oyó esto, Isaac empezó a llorar; su padre también comenzó a hacerlo, y Miguel viéndolos así, se unió al llanto. Sus lágrimas cayeron en el tazón y se transformaron en piedras preciosas.[2]

En la tradición islámica, Miguel pronuncia sus sermones semanales desde un púlpito hecho de esmeralda verde en la casa de Dios en el cuarto cielo. Esta casa está llena de piedras preciosas; hay un nicho de oración hecho de perlas, y una cortina divisoria hecha de numerosas gemas. La casa tiene tres puertas, una hecha de topacio, otra de berilo verde, y la tercera hecha de oro rojo. El minarete está hecho totalmente de diamantes.[3]

Los cristales siempre han tenido una estrecha asociación con los reinos angélicos. Por consiguiente, unos cristales atractivos sobre nuestro altar animan a los ángeles a visitarnos; también hacen más fácil que nos comuniquemos con ellos para recibir ayuda y dirección.

El papa Gregorio atribuyó al carbunclo (granate cortado en forma convexa sin facetas) a los arcángeles.[4] Con el tiempo, diferentes piedras fueron asociadas a ángeles más conocidos:

Piedra	*Ángel(es)*
Agata	Rafael, Bariel
Alejandrita	Geburathiel
Amatista	Uriel, Zadkiel, Adnachiel
Angelita	Uriel
Aguamarina	Miguel, Asariel, Humiel
Circón	Tsuriel
Cornalina	Camael
Caroita	Zadkiel
Citrino	Jophiel, Caneloas

Piedra	*Ángel(es)*
Crisoprasa	Rafael
Diamante	Camael, Israfel, Hamatiel
Esmeralda	Rafael, Anael, Muriel
Espinela	Raziel
Granate	Amriel
Jaspe	Barchiel
Kunzita	Chamuel, Atar
Lapislázuli	Miguel, Zadkiel
Malaquita	Nadiel
Obsidiana	Cassiel
Ojo de gato	Miguel
Ónix	Cassiel, Gabriel
Ópalo	Anael, Nibra Ha-Rishon
Ortosa	Metatron
Peridoto	Alair
Perla	Gabriel, Nelle
Piedra de la Luna	Gabriel, Ofaniel
Rubí	Camael, Malchadiel
Sardónice	Derdekea
Selenita	Gabriel
Tanzanita	Gabriel
Topacio	Azrael, Ashmodel, Matthew
Turmalina	Haniel, Tadhiel

Piedra	*Ángel(es)*
Turquesa	Miguel, Zadkiel, Verchiel
Venturina	Rafael
Zafiro	Rafael, Ashmodei, Verchiel

Los cristales azules y dorados son los más efectivos para contactar a Miguel. El ojo de gato, aguamarina, turquesa y lapislázuli son buenos ejemplos. Recuerde que también puede usar un cristal de cuarzo para comunicarse con los reinos angélicos.

Muchas veces los cristales parecen escogernos. Si hojea en una tienda de cristales, es probable que encuentre que algunas de las gemas misteriosamente lo llaman, y usted se sentirá atraído a ellas por una razón desconocida. Yo siempre compro piedras que se comunican conmigo de este modo. Esto significa que me propongo conseguir un par de cristales de cuarzo rosado, pero regreso a casa con una esmeralda y un citrino.

Incluso cuando esto no ocurra, use su intuición para escoger las piedras apropiadas. Sosténgalas con ambas manos, cierre los ojos unos segundos y vea qué respuesta recibe. Algunos cristales parecen alegres, mientras otros se sienten tranquilos y pensativos. Unos son cálidos y otros fríos; con algunos se siente hormigueo y pulsación; todos son diferentes. Tome su tiempo para asegurar que elige los cristales destinados para usted.

Limpieza del cristal

Debemos limpiar el cristal antes de usarlo; esto remueve energías negativas que puede haber acumulado antes de llegar a nuestras manos. Si no ha utilizado el cristal antes, lávelo en la noche en un vaso con agua marina o salada. El agua absorberá la energía negativa del cristal, mientras la sal descompone y elimina la negatividad.

Después de la limpieza inicial, limpie su cristal cuando quiera lavándolo en agua corriente. Una alternativa es usar agua tibia y una pequeña cantidad de jabón de buena calidad. Si tiene prisa, limpie el cristal respirando sobre él; cójalo entre los dedos índice y pulgar de la mano izquierda mientras toma tres respiraciones profundas. Visualícese inhalando luz blanca pura. Después de la tercera respiración, sople luz blanca curativa en el cristal; muévalo para asegurar que lo cubre todo con su respiración. También puede limpiar el cristal de acuerdo a su elemento astrológico.

Si pertenece al elemento *fuego* (Aries, Leo, Sagitario), pase el cristal a través de la llama de una vela encendida, o forme un círculo de velas y déjelas prendidas al menos tres horas con el cristal en el centro.

Si pertenece al elemento *tierra* (Tauro, Virgo, Capricornio), entierre el cristal por al menos veinticuatro horas; para completar el proceso, lávelo en agua purificada.

Si pertenece al elemento *aire* (Géminis, Libra, Acuario), ponga el cristal en el humo de una vela prendida; un método mejor es colocarlo en el humo de un palito de incienso humeante.

Si pertenece al elemento *agua* (Cáncer, Escorpión, Piscis), ponga el cristal bajo agua corriente. El agua de grifo sirve, pero, si es posible, sería ideal un arroyo o una cascada. Como alternativa, lávelo en el mar; si lo hace, debe enjuagarlo después con agua pura para eliminar residuos de sal.

Si el cristal queda expuesto a energías negativas, el mejor remedio es enterrarlo por varios días; esto lo restaurará y equilibrará.

Cargar el cristal

Una vez que limpie el cristal, deberá cargarlo de energía natural. Hay dos tipos de energía, masculina y femenina. El tipo que usted requiere es determinado por el propósito al que piensa dedicar el cristal. Si va a cargarlo para protección, debería escoger energía masculina; sin embargo, si su propósito es aumentar la intuición, usaría energía femenina. Si desea energía masculina, ponga el cristal bajo la luz del Sol unas horas; para energía femenina, colóquelo bajo la luz de la Luna.

Dejar el cristal bajo la lluvia, o afuera durante la noche para que reciba rocío, son formas efectivas de cargarlo. Si necesita mucha energía, debe ponerlo afuera en una tormenta; esto le dará una cantidad prácticamente ilimitada. Si usa su altar regularmente, puede cargar los cristales poniéndolos sobre él.

Dedicar el cristal

Una vez que el cristal haya sido limpiado y cargado, puede dedicarlo al propósito que quiera. Naturalmente, para el objetivo de este libro, lo dedicará a Miguel.

Encienda dos velas, una dorada y una azul, y póngalas en el altar. Siéntese en frente con el cristal sobre la palma de la mano derecha, y ponga el dorso de ésta sobre la palma de la mano izquierda.

Tome tres respiraciones profundas, exhalando lentamente, y luego invite a Miguel a que se haga presente. Cuando lo sienta a su lado, levante ambas manos a la altura del pecho y diga: "te dedico este cristal, Miguel, para crear un lazo más estrecho contigo y fortalecer mi capacidad de recibir tu guía. Gracias".

Coloque el cristal sobre el altar y mírelo fijamente varios segundos. Agradézcale a Miguel por hacerse presente. Cuando se sienta listo, apague las velas, pero deje el cristal en el altar al menos veinticuatro horas.

Ahora que el cristal ha sido dedicado a Miguel, con sólo cogerlo podrá lograr una conexión inmediata con él cuando quiera. Si lo desea, también puede llevar el cristal con usted, pero asegúrese de envolverlo en una tela de seda o meterlo en una bolsa pequeña para evitar que sea afectado por cualquier negatividad.

Mantenga limpio el cristal, y dedíquelo de nuevo si siente que está perdiendo su energía; es poco probable que esto ocurra, pero puede suceder.

Oración con el cristal

Me gusta hacer este ritual al aire libre en los meses de verano. Sin embargo, puede ser realizado en cualquier parte y en cualquier momento. Acuéstese de espaldas y ponga un cristal de cuarzo sobre su corazón. Tome varias respiraciones profundas y cierre los ojos.

Empiece a hablar con Miguel, mentalmente o en voz alta. Puede decir lo que quiera, rezar, hacer preguntas, pedir consejos o agradecerle por su amor y protección. Se dará cuenta de que el cristal sobre su corazón actúa como un "amplificador psíquico", haciéndole más fácil recibir la respuesta de Miguel.

Meditación para curar el alma

Escoja dos cristales que le llamen la atención. Deje que su intuición lo dirija hacia los dos cristales que serán más beneficiosos para usted cuando desarrolle esta meditación.

Siéntese en una silla cómoda, con un cristal cogido suavemente en cada mano. Tome varias respiraciones profundas y exhale lentamente. Cierre los ojos y permita que una ola de relajación atraviese su cuerpo. Piense en todas las bendiciones de su vida, y dé gracias al universo por dejarle recibirlas y disfrutarlas. Deliberadamente deseche los pensamientos negativos que lleguen a su mente. Concéntrese en lo positivo y verá lo grandiosa que es su vida en muchos aspectos.

Concéntrese en los cristales y note lo que recibe de ellos. Podría experimentar un pensamiento, sensación o emoción; tal vez los sienta cálidos y reconfortantes, o es probable que le produzcan hormigueo. No evalúe estas respuestas; simplemente acéptelas y tenga en cuenta que puede analizar la experiencia después, si lo desea.

Pídale a Miguel que se haga presente y agradézcale por toda su ayuda, amor, apoyo y consuelo; agradézcale por ayudarle a su ser físico, mental, emocional y espiritual.

Déjelo tocar su alma. De nuevo, puede experimentar esto de diferentes formas; tal vez sienta como si una repentina corriente eléctrica pasara a través de usted, o podría tener una sensación de ardor. (También puede ser una experiencia física, pues he visto varios estudiantes con la cara ruborizada después de hacer esta meditación). Podría sentir que puede lograr todo lo que se proponga; o que todas sus inquietudes y preocupaciones han sido dejadas atrás.

Permanezca en este estado el tiempo que pueda. Disfrute la sensación de total paz y tranquilidad, y dese cuenta de cuánto bien está haciendo en su alma y todas las partes de su ser.

Cuando sienta que es el momento, tome una respiración profunda, sosténgala y exhale lentamente. Agradézcale a Miguel otra vez, apriete los cristales y abra los ojos.

Tome uno o dos minutos para retornar al mundo cotidiano. Estará lleno de energía, y se sentirá restablecido y revitalizado en mente, cuerpo y espíritu.

Siempre hay un grado de distorsión en esta meditación. A veces, el ritual completo me toma cerca de cinco minutos, pero siento como si hubiera pasado media hora. En otras ocasiones, el mismo ritual toma treinta o cuarenta minutos, pero siento que dura unos cuantos minutos. No tengo idea de por qué ocurre esto, sin embargo, he aprendido a dejar suficiente tiempo para desarrollar la meditación.

Los cristales funcionan bien con los chakras y son usados frecuentemente para equilibrarlos. Veremos esto, y también cómo se relacionan los chakras con el reino angélico, en el siguiente capítulo.

Ocho

CHAKRAS

LOS chakras son centros energéticos circulares localizados en el aura que ayudan a la transformación y distribución de energías pránicas en todo el campo áurico. Conectan el cuerpo físico y el sutil, por eso las emociones pueden afectar nuestro organismo físico. Usualmente son vistos como círculos de energía giratorios. No es sorprendente que "chakra" sea una palabra sánscrita que significa "rueda" o "disco".

Los siete chakras principales están localizados a lo largo de la columna vertebral en las siguientes posiciones:

1. Chakra raíz— base de la columna vertebral

Tiene que ver con la supervivencia, fortaleza y perdón. *Color:* rojo; *arcángel:* Sandalphon; *cristales:* granate rojo, jaspe, rubí.

2. Chakra sacro— los órganos sexuales

Se relaciona con las emociones, sensualidad y sexualidad. *Color:* naranja; *arcángel:* Chamuel; *cristales:* ámbar, cornalina, calcita anaranjada, topacio.

3. Chakra solar— una pulgada debajo del ombligo

Está asociado con la autoestima y la fuerza de voluntad. *Color:* amarillo; *arcángel:* Uriel; *cristales:* citrino, ojo de gato, jaspe amarillo.

4. Chakra del corazón— centro del pecho

Tiene que ver con el amor, compasión y aceptación. *Color:* verde; *arcángel:* Rafael; *cristales:* esmeralda, jade, kunzita, venturina.

5. Chakra de la garganta— la garganta

Se relaciona con la comunicación, verdad y creatividad. *Color:* azul; *arcángel:* Miguel; *cristales:* aguamarina, crisocola, lapislázuli, turquesa.

6. Chakra de la frente— entre las cejas (tercer ojo)

Tiene que ver con la sabiduría, discernimiento, intuición e imaginación. *Color:* índigo; *arcángel:* Gabriel, *cristales:* calcita azul, lapislázuli, turquesa.

7. Chakra de la corona— la coronilla

Está asociado con iluminación, entendimiento y conocimiento. *Color:* violeta; *arcángel:* Zadkiel; *cristales:* amatista, selenita, caroita.

Cuando un chakra está bloqueado o cerrado, la persona no puede usar plenamente la energía disponible para esa parte de su vida. Por ejemplo, si el chakra de la garganta está bloqueado, la persona será tímida y se le dificultará expresarse. También puede presentarse el otro extremo; cuando este chakra está totalmente abierto, la persona hablará tanto que no escuchará lo que los demás le dicen. Esto es hecho a costa de los otros chakras, que serán correspondientemente deficientes. Ambos extremos causan problemas que no serán arreglados hasta que el chakra de la garganta sea equilibrado.

El chakra de la garganta tiene que ver con la creatividad, otra forma de comunicación. Cuando este chakra está bloqueado, o totalmente abierto, el potencial creativo es disminuido y disipado.

He usado el chakra de la garganta como ejemplo porque es regido por el arcángel Miguel. Cada chakra es tan importante como los otros. Cualquiera que esté bloqueado afecta la efectividad de los demás.

Sentir los chakras

Necesitará un compañero para este ejercicio, el cual debe usar ropa floja y cómoda, y puede acostarse de espaldas o boca abajo, pues los chakras se sienten en ambos lados de la columna vertebral.

Empiece realizando el ritual de protección y luego frote sus manos rápida y vigorosamente. Arrodíllese junto a su compañero y ponga las manos unas pulgadas por encima de su cuerpo en la base de la columna vertebral. Vea si puede sentir la energía del chakra en las palmas de las manos. Acérquelas y aléjelas de la columna hasta que encuentre la posición que le permita sentir mejor el centro energético.

Una vez que sienta el chakra raíz, mueva las manos hasta el chakra sacro, que se encuentra ligeramente por debajo del chakra raíz y del ombligo. De nuevo, experimente con las posiciones de las manos hasta que sienta el chakra. Continúe haciendo esto hasta identificar los siete.

Cuando termine el ejercicio exitosamente, cambie de lugar para que la otra persona localice sus chakras.

Los chakras se extienden en el cuerpo como embudos o conos. Con la práctica, descubrirá que puede sentirlos con las manos a varias pulgadas del cuerpo.

Meditación para equilibrar los chakras

Como sabemos, un arcángel se ocupa de un centro energético. Esta meditación permite usar energía angélica para equilibrar y restaurar los chakras. Si siente que un chakra en particular está desbalanceado, ponga un cristal que se relacione con él sobre el área del chakra.

Si lo desea, use incienso o aceites esenciales, o encienda una vela y ponga música suave. Haga los preparativos que crea necesarios para asegurar una meditación exitosa.

Use ropa floja y asegúrese de que la habitación esté razonablemente cálida. El mejor lugar para desarrollar este ritual es en frente del altar, pero cualquier sitio sirve, siempre y cuando se sienta seguro y no sea interrumpido.

Acuéstese de espaldas, con las manos a los lados, y tome varias respiraciones lentas y profundas. Pídale a Miguel que lo proteja mientras hace esta meditación. Visualícese rodeado por una luz blanca pura y protectora.

Cuando esté listo, concéntrese en su chakra raíz; imagine esa parte de su cuerpo rodeada por un hermoso brillo rojo. Si lo desea, ponga las manos sobre esta área. Pídale a Miguel que le presente al arcángel Sandalphon, y pídale a éste que limpie, restaure y equilibre su chakra raíz. Mientras Sandalphon realiza esta tarea, disfrute las sensaciones de seguridad mientras logra el equilibrio energético una vez más.

Cuando Sandalphon termine, enfóquese en el chakra sacro. Visualice esta área bañada de un hermoso brillo anaranjado. De nuevo, si lo desea, ponga las manos sobre esta área. Pídale a Miguel que le presente al arcángel Chamuel, el ángel del amor incondicional. Relájese y permita que este arcángel equilibre y revitalice su chakra sacro.

Déle a Chamuel el tiempo necesario antes de concentrarse en el chakra solar. Imagine esta área rodeada por un magnífico rayo amarillo. Si quiere, ponga las manos sobre su plexo solar. Pídale a Miguel que le presente a Uriel, el arcángel de la paz. Deje que él equilibre este chakra, eliminando temores y dolores, y reemplazándolos con paz y armonía.

Cuando Uriel haya terminado, dirija su atención al chakra del corazón, que está rodeado por un hermoso color verde de tranquilidad. De nuevo, si quiere, ponga las manos sobre esta área. Pídale a Miguel que le presente a Rafael, el arcángel de la curación e integridad. Pídale a este arcángel que le equilibre y cure el chakra del corazón. He descubierto que muchas personas encuentran que balancear este chakra es sumamente emotivo. No se preocupe si esto ocurre; deje que toda la emoción necesaria se libere antes de seguir con el siguiente chakra.

Concéntrese en el chakra de la garganta e imagínelo rodeado por el más hermoso rayo de luz azul claro. Ponga las manos sobre la garganta si cree que esto le ayudará a visualizarlo mejor. Este es el chakra que cuida Miguel. Relájese y deje que él lo equilibre y restaure; luego agradézcale la ayuda.

Cuando esté listo, dirija su atención al chakra de la frente. Visualice esta área rodeada por un color índigo puro y subido. Si lo desea, ponga suavemente las manos sobre esta área. Pídale a Miguel que le presente a Gabriel, el arcángel del alma. Sienta su intuición florecer cuando Gabriel equilibre el chakra del tercer ojo.

Cuando esté listo, concéntrese en el chakra de la corona ubicado en la coronilla. Si lo considera conveniente, ponga las manos en esta área. Imagine la parte superior de su cabeza rodeada completamente por un intenso brillo violeta. Pídale a Miguel que le presente a Zadkiel, el arcángel del perdón. Perciba la sensación de paz y tranquilidad que invade todo su cuerpo cuando Zadkiel restaura y equilibra el chakra de la corona.

Después de esto, agradezca a cada arcángel individualmente. Imagínese rodeado por energía roja mientras expresa su gratitud al arcángel Sandalphon; visualícese rodeado por luz anaranjada mientras da las gracias a Chamuel. Siga con todo el espectro del arco iris, imaginándose bañado por cada color mientras agradece a los diferentes arcángeles.

Relájese y reviva la experiencia en su imaginación. Cuando esté listo, tome tres respiraciones profundas, abra los ojos y levántese. Estará revitalizado en cuerpo, mente y alma después de la meditación. Sus chakras estarán equilibrados y usted se sentirá positivo, entusiasta y lleno de energía. Los asuntos que parecían importantes antes, ahora son triviales. Estará preparado para lograr cualquier cosa.

Ponga por escrito, lo más pronto posible, las percepciones que tuvo durante el proceso.

Repita esta meditación las veces que pueda. Una vez a la semana sería ideal, pero hágala más a menudo si está experimentando problemas como estrés o trastorno emocional.

En momentos difíciles

Es muy conveniente que el color de Miguel sea el azul, pues puede ser usado de muchas formas. Mirar este color en la naturaleza fortalece el lazo entre la persona y el arcángel. También puede ser usado para curación. El índigo brinda energía curativa de la tierra; el azul de índigo también es calmante y relajante y da sabiduría. El azul de cobalto es de naturaleza cauterizadora y permite eliminar heridas pasadas; también brinda protección. Cada vez que sienta la necesidad de mayor protección, visualícese dentro de una gran burbuja de azul de cobalto. El azul celeste suministra energía curativa del aire; también nos recuerda que el cielo es el límite. Sin importar qué nos sucedió ayer, hoy es un nuevo día, y el azul celeste nos permite sentir el amor y la protección de Miguel, además de reconocer que podemos tener mucho éxito en el presente día.

El siguiente es un ejercicio interesante que emplea la energía azul del chakra de la garganta.

1. Acuéstese de espaldas, con los brazos y piernas separados. Cierre los ojos, tome varias respiraciones lentas y profundas, y relájese y enfóquese interiormente.

2. Visualícese dentro de una gran burbuja de luz blanca protectora. Cuando sienta que está seguro en esta burbuja, imagine una columna vertical dentro de su cuerpo que se extiende hacia abajo desde la coronilla hasta la base de la columna vertebral; pasa a través de cada uno de los chakras.

3. Visualice a Miguel parado a su lado, mirándolo a usted fijamente con amor y compasión. Él está ahí para restaurar su cuerpo, mente y alma. Imagínelo arrodillándose y tocando suavemente su cabeza. Vea una energía radiante de color azul de cobalto entrando a su cuerpo a través de la coronilla y filtrándose gradualmente por la columna vertical, llenando cada chakra con energía curativa. Finalmente, la energía azul llega a su chakra raíz, y luego se esparce lentamente desde cada centro energético, saturando gradualmente cada célula del cuerpo con la energía restaurativa de Miguel.

4. Finalmente, su cuerpo físico está lleno de la energía de Miguel, pero más energía azul continúa entrando por la coronilla; fluye hasta el chakra de la garganta y luego se esparce en la burbuja de luz blanca que lo rodea. El arcángel quita la mano de su cabeza sólo cuando la burbuja está llena de energía azul.

5. Háblele a Miguel, agradeciéndole por llenarlo de esta energía restaurativa y brindarle protección y amor. Pídale que lo ayude a desarrollar su potencial y llegar a ser lo mejor que puede. Háblele todo el tiempo que quiera.

6. Despídase de Miguel y véalo marcharse. Disfrute las sensaciones de seguridad y energía el tiempo que desee. Cuando esté listo, cuente lentamente de uno a cinco, abra los ojos, estírese y permanezca acostado al menos treinta segundos antes de levantarse.

Encontrará este ejercicio sumamente beneficioso; brinda energía y protección, además de ayudarlo a reconocer que puede lograr lo que se proponga. Por consiguiente, debería desarrollarlo con frecuencia.

El manto azul de Miguel

Cada vez que necesite protección para sí mismo u otros, acuda a Miguel y pídale que rodee con su manto azul a la persona que requiere esta ayuda. Visualícela completamente cubierta, de pies a cabeza, por un hermoso manto de color azul de cobalto.

Si hace esto para sí mismo, visualícese cubierto por el manto de protección. Luego imagine energía azul saliendo del chakra de la garganta y esparciéndose rápidamente por todo su cuerpo, hasta que quede totalmente rodeado por la energía protectora de Miguel, adentro y afuera. Cuando termine la necesidad de protección, agradézcale al arcángel por brindársela, y luego quítese el manto mentalmente.

Me gusta la idea de un manto protector. Muchos de mis estudiantes prefieren rodearse con una burbuja o círculo de protección. Ambos métodos funcionan igualmente bien; use el que usted prefiera.

Nueve

SOÑANDO CON MIGUEL

L A mayoría de las personas pasa cerca de la tercera parte de la vida durmiendo. Aunque esto puede parecer una gran pérdida de tiempo, el sueño es esencial para la salud y el bienestar. Este período de descanso da al cuerpo tiempo para que se restablezca. Si no dormimos lo suficiente en la noche, nos sentimos soñolientos al día siguiente y no podemos desempeñarnos plenamente en nuestras actividades. Las personas varían en las horas de sueño que necesitan; algunas no tienen problema alguno durmiendo sólo cuatro o cinco horas por noche, mientras otras requieren hasta nueve. La mayoría necesita siete u ocho horas de sueño nocturno.

Sin embargo, incluso cuando estamos dormidos, el cuerpo y la mente siguen activos. Por ejemplo, tenemos períodos de cuatro o cinco horas de sueño REM (Rapid Eye Movement —movimiento rápido del ojo—) cada noche. En este tiempo es cuando se presentan los sueños importantes. En una época se creyó que no soñábamos durante los períodos sin REM. No obstante, ahora parece que en este estado tenemos sueños rutinarios poco importantes. Todos los mamíferos experimentan estados de REM y no REM al dormir, demostrando que esta es una parte normal y esencial de la vida.

El hombre siempre ha estado fascinado con los sueños. Los antiguos egipcios los estudiaron hace seis mil años y registraron sus descubrimientos. Los griegos mostraron el mismo interés, y Zeus, padre de los dioses, tuvo un hijo llamado Morfeo, dios de los sueños. Muchos de los santuarios griegos eran lugares donde las personas iban para que sus sueños fueran interpretados. Los chinos también se interesaron por la interpretación de los sueños, al igual que la mayoría de civilizaciones antiguas.

El primer libro sobre interpretación de sueños se remonta al siglo IV de nuestra era, y fue *Oneirocriticia*, de Artemidoro.[1] Textos religiosos antiguos contienen muchas alusiones a los sueños y su significado; ejemplos incluyen la Biblia, el Bhagavad-Gita, el I Ching, el Corán, el Libro de los muertos, y la Tora.

En un tiempo, los sueños fueron parte importante del cristianismo. Numerosos sueños son mencionados en la Biblia, y parece que Dios y sus ángeles se comunicaban regularmente con las personas por esta vía. Por ejemplo, el ángel de Dios le habló a Jacob en un sueño (Génesis 31:11), y Dios mismo se comunicó con Salomón de esta forma (I Reyes 3:5). El ejemplo más famoso es cuando el ángel del Señor se le aparece a José en un sueño. El ángel le dijo: "José, hijo de David, no temas recibir a María tu mujer, porque lo que en ella es engendrado, del Espíritu Santo es" (Mateo 1:20). El sueño de Pedro en Jope (Hechos 11:5-10) fue en gran parte responsable del cambio de actitud de la nueva iglesia respecto a las leyes dietarias.

En esa época, al igual que hoy, muchas personas se rehusaban a escuchar. En el libro de Job (33:14-16), leemos: "Sin embargo, en una o en dos maneras habla Dios; pero el hombre no entiende. Por sueño, en visión nocturna, cuando el sueño cae sobre los hombres, cuando se adormecen sobre el lecho; entonces revela al oído de los hombres, y les señala su consejo".

Muchos de los primeros cristianos estudiaban sus sueños para entender cómo estaba obrando Dios en sus vidas. Por consiguiente, los sueños fueron considerados muy importantes al menos cinco siglos después del nacimiento de Cristo. San Juan Crisóstomo (c. 347–407), uno de los primeros padres de la iglesia, afirmaba que los sueños eran suficientes para Dios enviar mensajes a quienes creen en él, porque no necesitan visiones o formas más sorprendentes de revelación divina.[2] Su escrito debe haber reconfortado a muchos, pues también mencionó que no somos moralmente responsables de lo que ocurre en nuestros sueños porque son simbólicos. Orígenes (c. 185–c. 254) creía que Dios hablaba en los sueños para beneficiar no sólo al soñador, sino también a las otras personas a las que éste los contaba.[3]

Sinesio de Cirene creía que los sueños daban esperanza. "Cuando nuestro corazón nos da esperanza espontáneamente, como ocurre al dormir, entonces tenemos en la promesa de nuestros sueños una promesa de la Divinidad".[4]

Si este fue el punto de vista cristiano durante quinientos años, ¿por qué cambió de repente? Las investigaciones de Morton Kelsey y John Sanford pueden dar la respuesta. Ellos descubrieron que cuando San Jerónimo (c. 342–420) pasó la Biblia al latín, deliberadamente tradujo mal una palabra hebrea varias veces para que el trabajo con sueños se convirtiera en una prohibición.[5] La traducción de San Jerónimo fue conocida como la Biblia Vulgata y tuvo una gran influencia en el desarrollo de la iglesia cristiana.

San Gregorio (c. 540–604), conocido como San Gregorio Magno, fue papa los últimos catorce años de su vida. Escribió mucho y creó los principios y el dogma que la iglesia católica ha usado desde entonces. En uno de sus escritos afirmó el valor de los sueños, pero después volvió a escribir sobre el tema, advirtiendo a la gente acerca de no poner la fe en estas experiencias oníricas.

Por consiguiente, los sueños, que habían sido tan importantes en los inicios de la iglesia, fueron olvidados gradualmente hasta el siglo XX, cuando los psicoanalistas empezaron a interesarse en ellos. Sigmund Freud (1856–1939), por ejemplo, basaba sus análisis en gran parte en las interpretaciones de los sueños de sus clientes.

Carl Jung (1875–1961) consideraba que los sueños consistían en energía psicológica y espiritual; desarrolló métodos de trabajo con sueños estrechamente relacionados con los usados en los primeros siglos de la iglesia cristiana. Por ejemplo, él creía que la persona que podía interpretar mejor el sueño siempre era el soñador mismo; esto concuerda con el pensamiento de la antigua iglesia.

Actualmente, los eruditos bíblicos están mirando seriamente los sueños como una forma de comunicarse con lo divino. Después de todo, Dios y sus ángeles hablaron directamente a las personas en sus sueños. No hay razón para que esta forma de comunicación no pueda ser usada hoy.

Cómo recordar los sueños

Todos soñamos. En realidad, si no lo hiciéramos estaríamos enfermos mentalmente. Muchas personas afirman que no sueñan porque no recuerdan nada. Sin embargo, es posible que todos aprendamos a recordar nuestros sueños y a obtener los beneficios que ello brinda.

El método más útil que conozco es mantener un diario de sueños junto a la cama. Tan pronto como despierto, incluso a medianoche, tomo notas sobre los sueños que puedo recordar; mientras hago esto, más recuerdos regresan a mí y también los escribo. Todas las personas que sé que han experimentado con un diario de sueños lo han encontrado útil.

Me gusta apuntar mis pensamientos en papel. Tal vez usted prefiera registrarlos en una grabadora y luego transcribirlos al diario. Si lo hace, asegúrese de transcribir sus mensajes palabra por palabra, ya que parte del significado puede perderse si trata de reorganizar los términos para que la información se lea mejor. El diario de sueños es, o debe ser, privado, y usted tiene que ser totalmente honesto con todo lo que registre en él.

Otro método es decirse a sí mismo, antes de quedarse dormido, que soñará y recordará el sueño en la mañana. Usualmente me digo a mí mismo que soñaré con algo en particular y lo recordaré.

Algunas personas encuentran útil contarle a otros sus sueños; mientras lo hacen, surgen nuevamente detalles olvidados. La mayoría de sueños son aburridos para los demás, por eso hay que escoger bien a quiénes contarlos.

A veces usted despertará acabando de tener un sueño; sabrá que ha estado soñando pero no puede recordar nada. Un método útil de recuperarlo es quedarse acostado tranquilamente, sin cambiar de posición, y ver qué llega a la mente. Por lo general el primer pensamiento que surge después de despertar está relacionado con un sueño. Si se detiene en este pensamiento, a menudo recordará la parte final del sueño, lo cual le permitirá recordarlo todo.

Algunos encuentran útil sentarse en la cama o pararse inmediatamente después de abrir los ojos, lo cual los obliga a despertar totalmente; luego recuerdan el sueño y lo ponen por escrito.

Considero que lo contrario funciona mejor para mí. Tengo más éxito recordando mis sueños acostado tranquilamente en la cama con los ojos cerrados. Repaso el sueño todo lo posible para aclararlo en mi mente. Cuando estoy seguro de que he recordado todos los detalles relevantes, abro los ojos y escribo en el diario.

Experimente y vea qué métodos le funcionan mejor. No se preocupe cuando no recuerde nada; tiene varios sueños por noche, así que inténtelo de nuevo las noches siguientes. Con la práctica, llegará a recordarlos casi todas las noches, y su diario será cada vez más valioso a medida que pase el tiempo.

Hay varios métodos para contactar a Miguel en los sueños.

Petición en el sueño

El método más simple es hacerle una petición a Miguel antes de quedarnos dormidos. Escriba su pregunta o petición, colóquela en un sobre dirigido al arcángel, y póngala debajo de la almohada. Una de mis amigas escribe sus cartas a Miguel en forma de un poema corto. Además de ponerlo bajo su almohada, también dice silenciosamente el poema a sí misma una y otra vez mientras se queda dormida. Ella afirma que sus peticiones poéticas siempre son respondidas. Naturalmente, usted no tiene que hacer un poema; escríbale una carta a Miguel como lo haría para un amigo íntimo.

Incluso si no pone por escrito en un papel la petición, es buena idea que piense en lo que quiere mientras se queda dormido, para que quede en su mente subconsciente.

Cuando despierte en la mañana, la respuesta probablemente estará en su mente. Si mantiene un diario de sueños junto a la cama, podrá escribir lo que se le ocurra tan pronto como despierte. Como sabemos, los sueños desaparecen de la memoria rápidamente, en especial si tenemos que saltar de la cama y alistarnos para un día atareado.

Una de mis estudiantes tuvo una experiencia interesante mientras trabajaba con esto. La empresa para la que Lydia laboraba estaba siendo vendida y ella se sentía preocupada porque tendría que encontrar un nuevo empleo. Le escribió una carta a Miguel, contándole todas sus inquietudes, y durmió sobre ella. La primera mañana no recibió respuesta; sin embargo, la mañana siguiente Lydia recordó un sueño en el que trabajaba con una de sus colegas en un nuevo laboratorio.

Lydia quedó emocionada e inquieta por lo ocurrido; conocía a la persona con quien estaba trabajando en el sueño, pero sólo había hablado con ella ocasionalmente, pues laboraban en secciones diferentes. Parecía extraño que en el sueño aparecieran juntas.

Después de pensar en esto toda la mañana, Lydia decidió que no tenía nada que perder, y fue a ver a la persona que apareció en el sueño junto a ella. Tan pronto como empezó a comentarle el sueño, la otra mujer puso un dedo en sus labios y cerró la puerta. Resultó que estaba a punto de crear su propia corporación y necesitaba personal calificado. De inmediato le ofreció un puesto a Lydia.

Lydia atribuye a Miguel haber encontrado un nuevo empleo. "Nunca, ni en un millón de años, hubiera ido a hablarle a Carol si ella no hubiera aparecido en mi sueño; apenas la conocía. ¿Por qué apareció en el momento que le pedía ayuda a Miguel? La respuesta es obvia, al menos para mí; yo acudí a él por ayuda, y me dio la respuesta en el sueño".

Lydia no pidió una respuesta en una experiencia onírica. Sin embargo, con frecuencia la respuesta a una petición de este tipo llega en forma de un sueño relevante. En otras ocasiones, la respuesta aparece en nuestra mente, al despertar o más tarde cuando estamos trabajando en algo que no se relaciona en nada con el problema.

Sueños proféticos

Hay muchos ejemplos famosos de sueños proféticos. Calpurnia, la mujer de Julio César, soñó que su marido debía tener cuidado con los idus de marzo. Desafortunadamente, aunque hacía buen uso de sus propios sueños, César ignoró éste, y pagó el precio máximo. Abraham Lincoln soñó con su propio funeral poco antes de que lo asesinaran. Charles Dickens experimentó un ejemplo más típico de sueño profético; soñó con una mujer que usaba un chal rojo, llamada Señorida Napier. Cuando despertó en la mañana se puso a pensar en el sueño, pues no conocía a nadie con ese nombre. La mañana siguiente, le presentaron a Dickens una mujer que llevaba puesto un chal rojo, llamada Señorita Napier.[6]

Mientras trabaja con su diario de sueños, descubrirá que muchos de ellos son proféticos. Poco después de empezar a llevar un diario, soñé que tomaba una taza de café con un viejo amigo de la universidad. No lo había visto en más de diez años, por eso me sorprendí cuando nos encontramos un par de semanas después; fuimos a un salón de tertulia para tomarnos un café y hablar de lo que habíamos estado haciendo. Si no lo hubiera escrito en mi diario, tal vez no me habría dado cuenta de cuán profético era el sueño. Los sueños proféticos pueden ser de pequeña escala, como el que yo tuve, o de gran importancia. Los sueños de Calpurnia y Abraham Lincoln no pudieron haber sido más importantes.

Miguel puede ayudarnos a tener sueños proféticos que nos permitirán entrever el futuro. Cuando se acueste en la noche, pídale que le dé un sueño que muestre exactamente cómo será su vida si toma cierta dirección.

Tan pronto como despierte en la mañana, coloque por escrito todo lo que pueda recordar. A veces escribirá mucho, pero en otras ocasiones será difícil recordar algo de importancia. Haga su petición varios días seguidos. Después de una semana, sus sueños deben haberle dado una buena indicación de cómo resultaron las cosas. Con esta información, puede decidir si hace o no lo que está considerando.

Un joven amigo mío había decidido interrumpir sus estudios por un año para viajar y, como él lo dijo, "experimentar la vida". Como le quedaba sólo un año para obtener su grado, le sugerí que le pidiera a Miguel un sueño profético.

Thomas no pudo recordar sus sueños en las primeras tres noches, pero en la cuarta tuvo uno tan inquietante que cambió de parecer. Regresó a la universidad para el último año y terminó sus estudios; esto fue varios meses antes de que me dijera lo que había soñado.

"Fue espantoso", me dijo. "En el sueño me vi viajando y disfrutando por el mundo; pero cuando regresé a casa, no seguí en la universidad. Me encontré trabajando largas horas en un almacén de muebles, enojado por no obtener mi grado, y culpando a todos por lo que había hecho".

Ahora Thomas es un abogado exitoso, y agradece a Miguel por mostrarle cuán importante era terminar primero sus estudios y luego "experimentar la vida".

Sueño lúcido

El sueño lúcido ocurre cuando la persona es consciente de que está soñando y puede participar en él y guiarlo a su gusto. De vez en cuando la mayoría de gente experimenta esto espontáneamente; sin embargo, es una capacidad que cualquiera puede desarrollar. El término "sueño lúcido" fue inventado por Frederik Van Eeden, un médico e investigador holandés que tuvo su primer sueño de este tipo en 1897.[7] Escribió un largo artículo sobre el tema que fue publicado en los *Procee-dings of the Society for Psychical Research* en 1913. Desafortu-nadamente, él estaba adelantado a su tiempo, y esto fue muchas décadas antes de que los científicos empezaran a examinar dicho fenómeno.

Aunque parece que casi todos podemos aprender a tener sueños lúcidos, las personas que meditan y frecuentemente recuerdan sus experiencias oníricas, encuentran más fácil soñar lúcidamente que quienes no ponen atención a sus sueños.[8]

La primera etapa en este proceso es tener un sueño y darse cuenta que se está soñando. La mayoría de gente se despierta cuando llega a este punto. Sin embargo, con la práctica pode-mos permanecer en el sueño y ver a dónde nos lleva. También podemos guiarlo en la dirección que queramos. Podemos per-manecer con el tema del sueño que estamos teniendo, pero haciéndolo más positivo y agradable; este es especialmente el caso de los sueños sexuales. También es probable que desee-mos cambiar completamente el sitio y los sucesos de la expe-riencia onírica. Podemos viajar a través del tiempo, visitar per-sonas que fallecieron hace muchos años y conversar con ellas, ir a lugares que siempre hemos querido ver, en este planeta u otra parte, y hacer cualquier cosa que deseemos. Natural-mente, también podemos usar los sueños lúcidos para pasar tiempo con Miguel.

Quizás no querrá esperar hasta que por casualidad expe-rimente un sueño lúcido. Por tal razón existen varias cosas que puede hacer para incitarlo.

Lea todo lo que pueda sobre el tema; esto parece ayudar a que se presenten sueños lúcidos. Si lleva un diario, podría encontrar útil leer lo que escribió de sueños pasados, pues es probable que tenga por casualidad varios sueños lúcidos sin darse cuenta. Los sueños de volar, por ejemplo, a veces son lúcidos.

Antes de quedarse dormido puede decirse a sí mismo que experimentará un sueño lúcido en la noche y lo usará para lograr un determinado objetivo. Este método funciona bien para algunas personas, pero en mi caso es efectivo sólo algunas veces.

Otro método que muchos encuentran útil es decirse que cuando vean sus manos en un sueño, inmediatamente empiecen a soñar lúcidamente. Este método también me funciona sólo en ocasiones.

El método más seguro que conozco es programar mi reloj despertador para que me despierte cuatro horas después de haberme acostado a dormir. Al prenderse lo apago, y si he estado soñando, retorno a mi sueño.

Las primeras veces que intente esto, probablemente descubra que el ser consciente de que tiene un sueño lúcido lo despierta. Sin embargo, una vez que pase esta etapa, verá que no es difícil darle al sueño la dirección que desee.

Para los propósitos de este libro, asumiré que va a soñar lúcidamente con la intención de pasar tiempo con Miguel. Antes de intentar contacto de esta forma, piense en dónde le gustaría encontrarlo. ¿Desearía caminar con él en una playa tranquila? Tal vez prefiera un entorno selvático, un arroyo o la cima de una montaña con imponentes vistas. Podría escoger su sala o sitio de trabajo. No importa qué lugar elija, pero es buena idea decidir con anticipación para que se encuentre con el arcángel en un sitio agradable para usted.

Considere las preguntas que desea hacerle a Miguel. De nuevo, es mejor pensar en esto de antemano, de tal forma que no pierda tiempo después.

Cuando sea consciente de que está experimentando un sueño lúcido, piense en su necesidad de comunicarse con Miguel. Es probable que de inmediato esté frente a él; sin embargo, podría sentir que vuela unos segundos antes de que esto ocurra.

Después de que haya hecho sus preguntas y escuchado las respuestas, pídale al arcángel más consejos. Agradézcale por su tiempo y orientación, y luego despídase. Usualmente, la experiencia onírica terminará en este punto y caerá en un sueño profundo. En ocasiones, uno puede dirigir el sueño a otra parte, y cuando esto sucede, yo me imagino durmiendo profundamente, y en un minuto eso es lo que ocurre.

Cuando despierte en la mañana, pase unos minutos reviviendo el sueño antes de pararse de la cama. Registre en el diario todo lo que recuerde, y adicione detalles que puedan surgir después en su mente consciente.

Los sueños brindan una conexión vital con nuestro ser interior. Trabajar con ellos es útil en muchos niveles; promueve la aceptación y el conocimiento de sí mismo. Los sueños nos ayudan a desarrollar nuestro potencial máximo; también nos permiten comunicarnos con lo divino.

Hace 150 años, en *Walden; Or Life in the Woods* (1854), Henry David Thoreau (1817–1862) escribió: "si una persona avanza segura en la dirección de sus sueños, y se esfuerza por llevar la vida que ha imaginado, se encontrará con un éxito inesperado en las horas despiertas".

Diez

CÓMO PRESENTAR A MIGUEL A OTROS

La mayoría de gente comienza a trabajar con arcángeles en forma individual. Algo crea un interés inicial en el tema, y la persona es atraída por un mundo emocionante de nuevos descubrimientos. Es natural querer compartir con los demás la emoción de estas experiencias. Sin embargo, como todos somos diferentes, usted encontrará que algunas personas son receptivas mientras otras se oponen totalmente a su nuevo interés. Puede ser decepcionante que alguien a quien estima no se interese por algo que es de vital importancia para usted. No obstante, no ganará nada tratando de forzar a esa persona a que adopte su forma de pensar.

Es mucho mejor aceptar la discrepancia y dejar que las personas queden intrigadas cuando empiecen a observar los cambios positivos que usted experimente. Incluso entonces, es mejor equivocarse por el lado de la prudencia; responda las preguntas que le formulen y explique por qué está haciendo ciertas cosas, pero no se muestre demasiado ansioso de interesarlas en el tema. Sus respuestas pueden satisfacerlas y ser todo lo que necesitan saber. Sin embargo, si continúan haciendo preguntas, respóndalas lo mejor que pueda y sugiera lugares, tales como librerías y la Internet, donde encontrarán más información.

Es posible que encuentre personas que creen que usted está haciendo la obra del diablo y se dirige a la perdición. Con la experiencia he descubierto que estos individuos no escuchan puntos de vista ajenos, y sólo les interesa imponer sus creencias particulares. Como es imposible tener una discusión racional sobre esta base, es mejor no entrar en una conversación que terminará mal. Sea amable con estas personas, pues en realidad creen que hacen lo correcto.

Con suerte, encontrará a alguien tan interesado en el tema como usted, y podrán seguir sus exploraciones juntos. Muchos de los rituales en este libro pueden ser hechos con dos o más personas; frecuentemente los resultados son asombrosos. Gran parte de lo que hago es en forma individual, pero siempre he observado que cuando estoy conduciendo un ritual con otras personas, los resultados son más marcados y dramáticos. Por consiguiente, estoy convencido de que uno más uno con frecuencia es igual a tres, cuatro e incluso cinco.

Hace muchos años, debía tener cuidado con lo que decía en público, porque no había la misma aceptación de la Nueva Era que hay actualmente. Hoy día, puedo hablar con libertad, y esto a menudo me da la oportunidad de introducir a otras personas al reino angélico.

No hace mucho tiempo, me encontré a un amigo en un parque antes de un concierto de verano. Habíamos llegado temprano para coger buenos puestos, y él con su familia habían hecho lo mismo. Surgió el tema de los ángeles, y su esposa mencionó que estaba trabajando con Rafael porque necesitaba curación. Las personas sentadas a ambos lados de nosotros se unieron a la conversación, y tuve la oportunidad de introducir a varias de ellas en un tema que tal vez no habían tratado antes.

No considero que situaciones como esta sean coincidencias. Usualmente, las personas con quienes hablo están listas para ser introducidas al reino angélico, y yo sólo soy el catalizador que las incita a profundizar en el tema. Descubrirá que le sucederá lo mismo mientras continúa sus propias exploraciones. Si mi amigo no hubiera abordado el tema, probablemente yo no habría hablado del mismo y tal vez las otras personas todavía no sabrían nada al respecto. Naturalmente, si el tema no les hubiera interesado, tampoco se habrían unido a la conversación. Creo que estaban listas para aprender, y que sin buscarlo se sentaron acertadamente junto a nosotros.

A veces, sale a colación el tema de los ángeles cuando estoy dando una clase totalmente distinta. En esta situación, hablo de los ángeles si lo creo conveniente. Como dije antes, en ocasiones esto introduce en el tema a personas que antes no tenían idea del mismo.

Hace algunos años, viajé de Los Ángeles a Toronto, y el largo vuelo fue agradable, pues la mujer que estaba al lado y yo hablamos de ángeles casi todo el tiempo. No recuerdo cómo surgió el tema, pero disfrutamos de una conversación fascinante y aprendimos de ella.

Usted podrá ayudar a muchas personas con su conocimiento de los ángeles y arcángeles. Habrá una tendencia a hablar de ellos con todo el mundo. Resístase a esto, pero esté atento a las oportunidades para comentar el tema con gente que tenga un interés serio y pueda beneficiarse de la información. Se asombrará del número de oportunidades que tendrá para hablar de ángeles con otros. Este es un buen ejemplo de cómo funciona el universo.

Once

CÓMO ENCONTRAR A MIGUEL DENTRO DE NOSOTROS

La gente a veces se ríe cuando sugiero que busquen a Miguel dentro de sí mismos. Imaginan el Miguel físico, pero no consideran los diversos atributos del arcángel que ya poseen.

Miguel es el arcángel del valor, fuerza, verdad, integridad y protección. Seamos o no conscientes de ello, ya tenemos estas cualidades en nuestro ser. Naturalmente, algunas pueden estar latentes, y Miguel tiene la disposición de ayudarnos a trabajar en las que estén deficientes. Todo lo que debemos hacer es pedirlo.

No hay que esperar hasta necesitar una cualidad específica. Es mejor desarrollar valor y fuerza antes de encontrarnos en una situación desgastante emocionalmente, pues se puede manejar con menos estrés e intranquilidad.

Sin embargo, nunca es demasiado tarde para pedirle ayuda a Miguel. Adelina, una mujer con quien trabajé hace muchos años, era una mentirosa crónica; mentía incluso cuando no había necesidad de hacerlo. Era una persona atractiva y simpática con un gran sentido del humor. No obstante, pocas de sus amistades duraban, pues las personas tendían a evitarla cuando descubrían que rara vez decía la verdad. Naturalmente, en las pocas ocasiones en que lo hacía, nadie le creía. Era una situación extraña, y tiempo después Adelina me contó que mentía para aumentar su popularidad; obviamente, el resultado fue exactamente lo contrario.

Pero Adelina decidió hacer algo al respecto. Un amigo le prestó un libro sobre ángeles, y ella empezó a pedirle a Miguel que la ayudara a ser honesta y veraz. Al principio experimentó un gran número de problemas mientras cambió gradualmente. Debido a que la gente esperaba que Adelina mintiera, encontraban desconcertante cuando empezaba a decir la verdad. En varias ocasiones casi se rinde. Por fortuna, Miguel la ayudó a transformar su vida.

"Si él no hubiera estado junto a mí cada vez que me veía tentada a mentir", dijo ella, "habría regresado a mi vieja forma de actuar. Probablemente lastimé a muchas personas siendo de repente demasiado honesta, pero finalmente pude sentirme orgullosa de mí misma. Fue un proceso difícil, pero ahora sé, sin sombra de duda, que puedo hacer cualquier cosa; Miguel está conmigo cuando lo necesito".

Además de ayudarnos a desarrollar cualidades que nos hacen falta, Miguel puede ayudarnos a tratar aspectos negativos de nuestra personalidad. Naturalmente, debemos saber cuáles son antes de pedirle ayuda al arcángel. Somos conscientes de algunos de nuestros rasgos menos agradables, pero tal vez ignoramos otros. Si es necesario, pídale a alguien de confianza que le diga cuáles son sus rasgos negativos; es importante que no reaccione en forma agresiva por lo que escuchará. La persona está haciéndole un favor, y ya sea que acepte o no lo que le dice, es la información en la que debe meditar después. Por ejemplo, si escucha que es orgulloso y egocéntrico, tome tiempo para pensar por qué la persona de confianza le dijo estas cosas, si son o no ciertas. Reflexionando, puede encontrar que manifiesta al menos algunos de estos rasgos. Una vez que reconozca esto, puede hacer algo al respecto. Pídale a Miguel que lo ayude a superar los aspectos negativos de su naturaleza, y sea paciente mientras el arcángel lo estimula a cambiar gradualmente estos patrones de conducta.

Nathaniel es alguien que conozco hace mucho tiempo. Nunca hemos sido amigos íntimos, pero nuestros caminos se cruzan ocasionalmente. Él es sociable y extrovertido, y disfruto su compañía de vez en cuando. Sin embargo, prefería que nos viéramos en su casa o en la mía, porque era increíblemente odioso al esperar el servicio en establecimientos; su comportamiento autoritario era desagradable e innecesario, aunque parecía totalmente inconsciente de ello. Por consiguiente, me puse un poco nervioso cuando me lo encontré hace unos meses en un restaurante. No debí ponerme así, pues él fue agradable y encantador con los mozos. El cambio fue tan marcado que le pregunté qué había ocurrido.

Explicó que una noche su esposa se rehusó a salir a cenar con él, porque se mortificaba constantemente por su conducta. Nathaniel siempre se negó a aceptar que causaba problemas, y después de una discusión con su mujer, salió a cenar con sus amigos, dejándola a ella en casa. Por primera vez en su vida, observó cómo se comportaba durante la noche y quedó impactado con lo que vio. Regresó a casa y se disculpó con su esposa.

"¿Y eso fue lo que causó tu cambio de actitud?", le pregunté. Nathaniel me miró avergonzado, pero luego rió. "Puedo hablar de esto contigo, pero no con muchas personas. Margot me dijo que contactara a un ángel; se trataba de Miguel. Tuve que sentarme y mirar sus velas y decir algunas oraciones. Estaba haciendo esto para complacerla, pero de repente supe que el arcángel se encontraba ahí. No pude verlo, pero tuve la repentina sensación de que estaba con nosotros en la habitación. Sentí un hormigueo que ascendió por mi columna vertebral. No me importa confesarte que lloré; fue una experiencia muy emotiva. Después de la primera vez, le pedí a Margot que lo hiciéramos de nuevo, y luego empezamos a trabajar en mis problemas. De hecho, aún lo estamos haciendo". Nathaniel se encogió de hombros. "Creo que tengo más complejos que la mayoría".

Nathaniel todavía tiene un largo camino por recorrer, pero, gracias a Miguel, ahora está en la dirección correcta. En lugar de preocuparme por reunirme con él en público, ahora espero animado pasar tiempo a su lado y escuchar cómo le va.

Un enfoque en los problemas que he encontrado útil es pedirle a Miguel que esté a mi lado un día, mientras me concentro en hacer un ligero mejoramiento en un área que me ha estado causando dificultades. Al final del día evalúo mi progreso. Sin duda alguna avanzo más que lo que hubiera logrado sin la ayuda del arcángel. Cuando veo lo que he logrado en sólo un día, progreso cada vez más en los días siguientes.

Otro método es relajarse y pensar en los problemas. Cuando se sienta preparado, invite a Miguel a que se una a usted y discutan lo que podría hacer para resolverlos. Debe ser una conversación agradable entre dos amigos íntimos. No tiene que lamentar su destino ni sentir lástima de sí mismo; Miguel está ahí para ayudarlo a encontrar una forma de desarrollar las cualidades que le hacen falta, por eso debe sentirse positivo respecto al resultado.

He conocido personas que se sentían tan mal, que no consideraban ayuda posible. Todos tenemos rasgos buenos y malos, y aún no he hallado a alguien que no merezca redención. Sin importar cómo ha sido nuestro pasado, podemos darle un giro a nuestra vida y convertirnos en la persona que queremos ser, encontrando el Miguel dentro de nosotros.

Un tercer método es desarrollar uno de los rituales que hemos visto, y usarlo para descubrir el Miguel interior. También podemos emplear este método al relajarnos o meditar. Cuando esté suficientemente relajado, simplemente pídale a Miguel que lo ayude a desarrollar las cualidades que cree que necesita su ser. A menudo, sentirá los cambios que se presentan dentro de usted, incluso mientras todavía esté hablando con el arcángel.

Sin importar qué método use para encontrar su Miguel interior, notará cambios positivos casi inmediatamente. Cada vez que se encuentre en una situación que involucre las cualidades que Miguel brinda, recuerde que él está a su lado, y en seguida experimentará una sensación de fuerza y confianza.

Con la ayuda de Miguel, no hay límite para lo que pueda alcanzar.

Doce

CONCLUSIÓN

ESPERO que este libro lo haya ayudado a ponerse en contacto con Miguel, de tal forma que pueda experimentar los beneficios en su vida del amor, consuelo y apoyo que él brinda. También deseo que esto lo anime a conocer más sobre los otros arcángeles y todo el reino angélico.

Con la ayuda de Miguel y los otros ángeles, podrá crecer y desarrollar su máximo potencial; descubrirá el propósito de su existencia y estará más en contacto con su naturaleza divina. Cada aspecto de su vida se expandirá mientras abre la mente y el corazón a los reinos angélicos.

Le deseo mucha alegría y felicidad en su búsqueda.

Notas

Introducción

1. John of Damascus, "Exposition of the Orthodox Faith", Book 2, traducida por el Rev. S. D. F. Salmond, director de Free Church College, Aberdeen, 1898. Publicado en el *Post Nicene Fathers,* Schaff edition, Volumen IX, Series 2. también disponible en Internet: http://www.balamand.edu.lb/theology/WritingsSJD.htm

2. Ejemplos incluyen: Daniel 8:17, Daniel 10:11, Mateo 28:5, Marcos 16:6, Lucas 1:12–13, Lucas 2:9, Hechos 10:4.

3. Paul Roland. *Angels: An Introduction to Angelic Guidance, Inspiration and Love* (London, UK: Judy Piatkus (Publishers) Limited, 1999), 12.

4. Zecharia Sitchin. *Divine Encounters: A Guide to Visions, Angels, and Other Emissaries* (New York, NY: Avon Books, 1996), 261–262.

5. H. L. Pass. "Demons and Spirits." Artículo en la *Encyclopaedia of Religion and Ethics,* editada por J. Hastings (New York, NY: Charles Scribners, 1911), 583.

6. S. G. F. Brandon. *Religion in Ancient History* (London, UK: George Allen and Unwin Limited, 1973), 368.

7. Pseudo-Dionysius (traducido por Colm Luibheid). *Pseudo-Dionysius: The Complete Works* (Mahwah, NJ: Paulist Press, 1987), 188.

8. Hildegard of Bingen. *Book of Divine Works with Letters and Songs,* editado por M. Fox (Santa Fe, NM: Bear and Company, 1987), 180–181.

9. Jacob Boehme. *The Aurora,* traducido por J. Sparrow (London, UK: John M. Watkins and James Clarke, 1960), 272.

10. Thomas Traherne. *Centuries of Meditations* (Edinburgh, Scotland: McInnes and Company, 1889), 362.

11. Emmanuel Swedenborg. *Heaven and its Wonders and Hell,* traducido por J. C. Ager (New York, NY: Swedenborg Foundation, 1930), 130–134.

12. Charles Baudelaire. *Les Fleurs du mal* (Paris, Francia: Classiques Garnier, 1994). The poem "Orgueil" está en la pág. 177.

13. Andrew Welburn. *Mani, the Angel and the Column of Glory: An Anthology of Manichean Texts* (Edinburgh, UK: Floris Books, 1998), 11.

14. Paul Rorem in the Preface to *Pseudo-Dionysius: The Complete Works* (Mahwah, NJ: Paulist Press, 1987), 1.

15. Hildegard of Bingen. *Scivius* III, 1.

16. Para más información sobre el lenguaje enociano y el doctor John Dee vea: *The Queen's Conjuror: The Life and Magic of Dr. Dee* por Benjamin Woolley (London, UK: HarperCollins Publishers, 2001), y *Enochian Magic for Beginners* por Donald Tyson (St. Paul, MN: Llewellyn Publications, 1997).

17. James H. Hindes. "The Hierarchies." Artículo en *Angels and Mortals:Their Co-Creative Power,* compilado por Maria Parisen (Wheaton, IL: Quest Books, 1990), 118–119.

18. Billy Graham. *Angels: God's Secret Agents* (Dallas, TX: Word Publishing, 1975).

19. R. H. Charles, editor. *The Greek Versions of the Testaments of the Twelve Patriarchs.* Editado de nueve manuscritos, junto con las variaciones de las versiones en armenio y slovaco y algunos fragmentos hebreos. (Oxford, UK: Clarendon Press, 1908), 3:3–6.

20. Helmer Ringgren (traducido por David Green), *Israelite Religion.* London, UK: S. P. C. K., 1966), 311.

21. "Y estos son los nombres de los ángeles santos que vigilan. Uriel, uno de los ángeles santos, quien está sobre el mundo y sobre el Tártaro. Rafael, uno de los ángeles santos, quien está sobre el espíritu de los hombres.

Raguel, uno de los ángeles santos, quien cobra venganza sobre el mundo de los luminares. Miguel, uno de los ángeles santos, está sobre la mejor parte de la humanidad y sobre el caos. Saraqâêl, uno de los ángeles santos, que está sobre los espíritus que pecan en el espíritu. Gabriel, uno de los ángeles santos, quien está sobre el paraíso, las serpientes y los querubines. Remiel, uno de los ángeles santos, a quien Dios puso sobre los que ascienden"— *The Book of Enoch*, I:XX, traducido por R. H. Charles. *The Book of Enoch* (London, UK: Society for Promoting Christian Knowledge, 1921), 46.

22. Matthew Black, comentator y editor. *The Book of Enoch or 1 Enoch: A New English Edition* (Leiden, Netherlands: E. J. Brill, 1985), 199.

23. Los amesha spentas son los seis inmortales bienhechores en el zoroastrismo. Son los seres divinos, o arcángeles, que fueron creados por Ahura Mazddā, el Señor sabio, para ayudar a cuidar toda la creación. Tres de ellos son masculinos y tres femeninos, y cada uno tiene un mes, fiesta y elemento específico. Algunos relatos afirman que hay siete amesha spentas, porque Ahura Mazddā es a veces considerado como un arcángel. (Geoffrey Parrinder. *Worship in the World's Religions* [London, UK: Faber and Faber Limited, 1966], 88.)

24. Helmer Ringgren. *Israelite Religion*, 312.

Capítulo uno

1. George W. MacRae y William R. Murdock, traductores. *The Apocalypse of Paul.* En The Nag Hammadi Library en inglés, editado por James M. Robinson (San Francisco, CA: Harper and Row, Inc., 1988), 256–259. The Apocalypse of Paul (El Apocalipsis de Pablo) probablemente fue escrito en griego poco antes del año 400, y es el más grande, y tal vez el más influyente, de los muchos trabajos apocalípticos que aparecieron en esa época.

2. *The Greek Apocalypse of Baruch* disponible en varias traducciones, incluyendo dos muy buenas por H. Maldwyn Hughes y A. W. Argyle. La traducción más disponible es *The Greek Apocalypse of Baruch* (3 Baruch) en *Hellenistic Judaism and Early Christianity* por Daniel C. Harlow (Leiden, Netherlands: E. J. Brill, 1996).

3. Brian E. Daley. *The Hope of the Early Church: A Handbook of Patristic Eschatology* (Cambridge, UK: Cambridge University Press, 1991), 123.

4. Matthew Bunson. *Angels A to Z* (New York, NY: Crown Publishers, Inc., 1996), 182.

5. *The Testament of Abraham,* 9:5–6A. Existen varias traducciones disponibles. Mi copia es *The Testament of Abraham: The Greek Recensions,* editada por Michael E. Stone (Missoula, MT: Society of Biblical Literature, 1972). Hay dos versiones diferentes de *The Testament of Abraham,* conocidas como A y B. La versión A es la más larga de las dos, y en este relato Abraham es transportado en un carruaje de querubines; en la versión B, es llevado a un viaje sobre una nube.

6. Nathaniel Lardner. *History of the Early Heretics* (London, UK, 1780). Nathaniel Lardner (1684–1768) murió antes de terminar este libro, que fue completado por John Hogg.

7. Anna Jameson. *Legends of the Madonna* (Boston, MA: Houghton Mifflin and Company, 1895), 140.

8. David Gittings. *Spiritual Pilgrimage* (Hereford, UK: New Editions, 1996), 102.

9. S. G. F. Brandon. *Religion in Ancient History* (London, UK: George Allen and Unwin Limited, 1973), 367.

10. David Keck. *Angels and Angelology in the Middle Ages* (New York, NY: Oxford University Press, 1998), 39.

11. Paola Giovetti. *Angels: The Role of Celestial Guardians and Beings of Light* (York Beach, ME: Samuel Weiser, Inc., 1993), 69. Originalmente publicada por Edizioni Mediterranee, Roma, Italia, 1989.

12. Paola Giovetti. *Angels: The Role of Celestial Guardians and Beings of Light*, 95–96.

13. Rabbi Nehunia ben haKana (atribuido a). *The Bahir*, traducido por Aryeh Kaplan (York Beach, ME: Samuel Weiser, Inc., 1979), 5, 97.

14. Louis Ginzberg. *The Legends of the Jews, Volumen 1*, traducido por Henrietta Szold (Philadelphia, PA: The Jewish Publication Society of America, 1909), 384–388.

15. James Redfield, Michael Murphy and Sylvia Timbers. *God and the Evolving Universe* (New York, NY: Jeremy P. Tarcher/Putnam, 2002), 196.

16. Shaykh Muhammad Hisham Kabbani. *Angels Unveiled: A Sufi Perspective* (Chicago, IL: KAZI Publications, Inc., 1995), 170.

17. Shaykh Muhammad Hisham Kabbani. *Angels Unveiled: A Sufi Perspective,* 173.

18. Stephen Herbert Langdon. *The Mythology of all Races, Volume V: Semitic* (New York, NY: Cooper Square Publishers, Inc., 1964), 338–339.

19. Stephen Herbert Langdon. *The Mythology of all Races, Volume V: Semitic,* 363.

20. Anna Jameson. *Sacred and Legendary Art, Volumen 1* (Boston, MA: Houghton Mifflin and Company, 1895), 87.

21. H. C. Moolenburgh, traducido por Amina Marix-Evans. *A Handbook of Angels* (Saffron Walden, UK: The C. W. Daniel Company Limited, 1984), 99–100. Originalmente publicado en 1984 por Uitgeverij Ankh-Hermes, Netherlands, como *Engelen.*

Capítulo Dos

1. Richard Webster. *Omens, Oghams and Oracles* (St. Paul, MN: Llewellyn Publications, 1995), 39–41.

2. Cornelia M. Parkinson. *Gem Magic* (New York, NY: Fawcett Columbine, 1988), 47.

3. Más información sobre el péndulo puede ser encontrada en: Richard Webster, *Pendulum Magic for Beginners* (St. Paul, MN: Llewellyn Publications, 2002).

4. Migene González-Wippler. *Return of the Angels* (St. Paul, MN: Llewellyn Publications, 1999), 257.

5. Ken Ring. *Super Tramp* (Auckland, NZ: Milton Press, 1999), 251.

Capítulo Siete

1. Brett Bravo. *Crystal Healing Secrets* (New York, NY: Warner Books, Inc., 1988), 24.

2. Louis Ginzberg. *The Legends of the Jews, Volumen 1*, traducido por Henrietta Szold, 300.

3. Shaykh Muhammad Hisham Kabbani. *Angels Unveiled: A Sufi Perspective,* 171.

4. Cornelia M. Parkinson. *Gem Magic* (New York, NY: Fawcett Columbine, 1988), 47.

Capítulo Nueve

1. Tara Ward. *Meditation and Dreamwork* (London, UK: Arcturus Publishing Limited, 2001), 249.

2. John Chrysostum. *Homilies on Matthew*, IV No. 18, v. 5.

3. Origen. *Against Celsus*, VI, 21–23.

4. Augustine Fitzgerald, *The Essays and Hymns of Synesius of Cyrene* (London, UK: Oxford University Press, 1930), 345.

5. Para más información sobre esto, vea: Morton Kelsey. *Gods, Dreams and Revelation* (Minneapolis, MN: Augsburg Publishing House, 1968) y John A. Sanford, *Dreams: God's Forgotten Language* (New York, NY: Lippincott and Company, 1968).

6. Walter Franklin Price. *Noted Witnesses for Psychic Occurrences* (New Hyde Park, NY: University Books, Inc., 1963), 157. Originalmente publicado por the Boston Society for Psychic Research, 1928.

7. John Travers. *Dreamworking* (London, UK: G. Child and Company, Limited, 1978), 243.

8. Jayne Gackenbach y Jane Bosveld. *Control Your Dreams* (New York, NY: Harper & Row, Publishers, Inc., 1989), 166–167.

Lecturas sugeridas

Apocrypha: The Books called Apocrypha according to the Authorized Version. London, UK: Oxford University Press, n.d.

Auerbach, Loyd. *Psychic Dreaming: A Parapsychologist's Handbook.* New York, NY: Warner Books, Inc., 1991.

Black, Matthew, comentarista y editor. *The Book of Enoch or 1 Enoch: A New English Edition.* Leiden, Netherlands: E. J. Brill, 1985.

Brandon, S. G. F. *Religion in Ancient History.* London, UK: George Allen and Unwin Limited, 1973.

Brockington, L. H. *A Critical Introduction to the Apocrypha.* London, UK: Gerald Duckworth and Company Limited, 1961.

Bunson, Matthew. *Angels A to Z*. New York, NY: Crown Trade Paperbacks, 1996.

Burnham, Sophy. *A Book of Angels: Reflections on Angels Past and Present and True Stories of How They Touch Our Lives*. New York, NY: Ballantine Books, 1990.

Cahill, Thomas. *Desire of the Everlasting Hills*. New York, NY: Nan A. Talese, división de Doubleday Dell Publishing Group, Inc., 1999.

Connell, Janice T. *Angel Power*. New York, NY: Ballantine Books, 1995.

Daley, Brian E. *The Hope of the Early Church: A Handbook of Patristic Eschatology*. Cambridge, UK: Cambridge University Press, 1991.

Davidson, Gustav. *A Dictionary of Angels*. New York, NY: The Free Press, 1967.

Fox, Matthew y Rupert Sheldrake. *The Physics of Angels: Exploring the Realm Where Science and Spirit Meet*. San Francisco, CA: HarperSanFrancisco, 1996.

Gackenbach, Jayne y Jane Bosveld. *Control Your Dreams*. New York, NY: Harper and Row, Publishers, Inc., 1989.

Ginzberg, Louis, traducido por Henrietta Szold. *The Legends of the Jews* (7 volumenes). Philadelphia, PA: The Jewish Publication Society of America, 1909–1937.

Giovetti, Paola, traducido por Toby McCormick. *Angels: The Role of Celestial Guardians and Beings of Light.* York Beach, ME: Samuel Weiser, Inc.,1993.

Hodson, Geoffrey. *The Angelic Hosts.* London, UK: The Theosophical Publishing House Limited, 1928.

Jones, Timothy. *Celebration of Angels.* Nashville, TN: Thomas Nelson Publishers, 1994.

Kabbani, Shaykh Muhammad Hisham. *Angels Unveiled: A Sufi Perspective.* Chicago, IL: KAZI Publications, Inc., 1995.

Milik, J. T., editor. *The Books of Enoch: Aramaic Fragments of Qumrân Cave 4.* Oxford, UK: Oxford University Press, 1976.

Moolenburgh, H. C., traducido por Amina Marix-Evans. *A Handbook of Angels.* Saffron Walden, UK: The C. W. Daniel Company Limited, 1984. Publicado original-mente como *Engelen* por Uitgeverij Ankh-Hermes, Netherlands, 1984.

Myer, Isaac. *Qabbalah, the Philosophical Writings of Solomon Ben Yehudah Ibn Gebirol or Avicebron.* London, UK: Robinson and Watkins, 1972. Publicado inicialmente en Philadelphia, 1888.

Parrinder, Geoffrey. *Worship in the World's Religions.* London, UK: Faber and Faber Limited, 1961.

Pseudo-Dionysius, translated by Colm Luibheid. *Pseudo-Dionysius: The Complete Works.* Mahwah, NJ: Paulist Press, 1987.

RavenWolf, Silver. *Angels: Companions in Magic.* St. Paul, MN: Llewellyn Publications, 1996.

Ringgren, Helmer, traducido por David Green. *Israelite Religion.* London, UK: S. P. C. K., 1966.

Shinners, John, editor. *Medieval Popular Religion 1000–1500: A Reader.* Peterborough, Canada: Broadview Press, 1997.

Swedenborg, Emmanuel, traducido por George F. Dole. *Heaven and Hell.* West Chester, PA: Swedenborg Foundation, 1976.

Sweetman, J. Windrow. *Islam and Christian Theology* (4 volumenes). London, UK: Lutterworth Press, 1947.

Tyson, Donald. *Enochian Magic for Beginners.* St. Paul, MN: Llewellyn Publications, 1997.

Webster, Richard. *Ángeles Guardianes y Guías Espirituales.* St. Paul, MN: Llewellyn Español, 2000.

Welburn, Andrew. *Mani, the Angel and the Column of Glory: An Anthology of Manichaean Texts.* Edinburgh, Scotland: Floris Books, 1998.

Índice

LLEWELLYN ESPAÑOL

lecturas para la mente y el espíritu...

* Disponibles en Inglés

LLewellyn Español

Desea contactar escritores y editores de
temas metafísicos o similares.
Para más información escriba a la
siguiente dirección:

2143 Wooddale Drive
Woodbury, Minnesota 55125-2989, U.S.A
1-800-843-6666

MIGUEL ∽ MICHAEL ∽ מיכאל

Painting © 2004 Paul Armstrong/Giraffe & Assoc.

Adorne su pared con esta bella imagen
e inspiración del Arcángel Miguel

Considerado como el más poderoso Ángel en las tradiciones cristiana,
judía e islámica, Miguel es protector, mensajero, guerrero y curador.

El póster mide 16 x 20 pulgadas y es fabricado con
un material de alta calidad en terminado brillante.

$9.95

Cómo ordenar:

Visite nuestra página en Internet: www.llewellyn.com
Por teléfono llame gratis en los Estados Unidos al:

1-800-843-6666

El precio puede cambiar sin aviso previo.

Correspondencia al autor

Para contactar o escribir al autor, o si desea más información sobre esta publicación, envíe su correspondencia a Llewellyn Español para ser remitida al autor. La casa editora y el autor agradecen su interés y comentarios en la lectura de este libro y sus beneficios obtenidos. Llewellyn Español no garantiza que todas las cartas enviadas serán contestadas, pero si le aseguramos que serán remitidas al autor.
Por favor escribir a:

Richard Webster
‰ Llewellyn Español
2143 Wooddale Drive, Dept. 978-0-7387-0646-9
Woodbury, Minnesota 55125-2989, U.S.A.
Incluya un sobre estampillado con su dirección y $US 1.00 para cubrir costos de correo. Fuera de los Estados Unidos